ALLES ESPRESSO

ALLES ESPRESSO

Kleine Helden der Alltagsbeschleunigung

von Karlheinz A. Geißler

S. Hirzel Verlag

Bibliografische Information Der Deutschen Bibliothek
Die Deutsche Bibliothek verzeichnet diese Publikation in der Deutschen Nationalbibliografie; detaillierte bibliografische Daten sind im Internet über http://dnb.ddb.de abrufbar.

ISBN-10: 3-7776-1437-8
ISBN-13: 978-3-7776-1437-3

Birkenwaldstr. 44, 70191 Stuttgart
Printed in Germany
Einbandgestaltung: deblik, Berlin
Druck & Bindung: Druckerei Gulde, Tübingen

Zeit ist nicht die Hauptsache,
sie ist das Einzige.

Miles Davis

Inhalt

Überhaupt hat der Fortschritt das an sich,
dass er viel größer ausschaut,
als er wirklich ist.

J. N. Nestroy

Leben ohne Zeitverlust

Wer behauptet, das Leben sei in den letzten Jahren erheblich schneller geworden, wird wenig Widerspruch ernten. Aber nicht die Zeit, wie häufig leichtfertig dahergesagt, hat dabei an Tempo gewonnen, sondern die Menschen und deren Lebens- und Arbeitsformen.

Die Dinge und die Vorgänge, mit denen sie zu tun haben, und auch ihr eigenes Handeln beschleunigten sich. Die allermeisten Personen haben sich ans Immer-schneller-Werden gewöhnt, und dies in einer Art und Weise, dass ihnen im Alltag nur mehr das auffällt, was **nicht** schneller wurde. So ist ihnen nicht nur das hohe Tempo zur Gewohnheit geworden, sondern ebenso die kontinuierliche Steigerung der Alltagsgeschwindigkeit. Der Mensch macht zwar nicht die Geschichte, aber er macht das Tempo der Geschichte.

Hat die Fahrt mit der im wahrsten Sinne des Wortes ehemals „bahnbrechenden“ Dampf-Eisenbahn noch vor 150 Jahren aufgrund ungewohnter Schnelligkeit bei Mitfahrenden Übelkeit, Wahrnehmungsstörungen und Ängste hervorgerufen, so reden wir heute von einem nostalgischen Sonntagsausflug, der in die verloren gegangene Erlebniswelt des Gemächlichen und der Beschaulichkeit zurückführt, wenn wir uns zu einer der beliebten Fahrten mit einer Museumsbahn auf den Nebenstrecken dieser Hochgeschwindigkeitswelt entschließen. Aus einem einstmals gefürchteten, rasenden Ungetüm ist eine biedermeierlich anmutende Attraktion fürs wochenendliche Familienvergnügen geworden. So ändern sich die Zeiten und die Menschen mit ihnen.

Tempo ist eine Sache der Gewohnheit. An die Vorteile, die Annehmlichkeiten und die Attraktionen der kontinuierlich gestiegenen Beschleunigung haben sich die Bewohner der elektrifizierten Gesellschaften genauso gewöhnt wie an die Bagatellisierung und die Verdrängung ihrer Nachteile, ihrer Opfer und Problematiken.

Das kapitalistische Wirtschaftssystem hat die Zeit zu einer knappen Ware gemacht, zu einer äußerst begehrten. „Zeit“ wurde der ökonomischen Logik folgend zum Investitions- und Verbrauchsgut. Dies ist schließlich auch der Grund, weshalb sich die Menschen in den wirtschaftlich prosperierenden Ländern dabei verausgaben, „Zeit“ permanent zu „gewinnen“, sie zu „sparen“ und irgendwelche „Zeitdiebe“ zu „bekämpfen“. In erster Linie tun das jene Führungskräfte, die für Arbeitsplätze und Arbeitsabläufe sowie für deren Gestaltung Verantwortung tragen. Ähnlich jedoch verhalten sich auch die meisten Menschen in ihrem privaten Umfeld. In einer heute weitgehend durchkapitalisierten Gesellschaft geht es nämlich nicht um mehr Zeit, es geht dort vielmehr um die möglichst intensive Nutzbarmachung der Zeit. Deshalb auch stellt sich die Arbeitslosigkeit, die ehemals ja als willkommener und erstrebenswerter Zustand galt, heutzutage so problematisch, so diskriminierend und für die Betroffenen so belastend dar. Dass Zeit eine „Ressource“ ist, dass sie „verbraucht“ wird, ist jedoch nichts weiter als eine Fiktion. Es ist die Leitidee einer vom Effizienzfieber infizierten Fortschrittsgesellschaft. Sie ging einst von Europa und von Nordamerika aus und eroberte schließlich annähernd die gesamte Welt im Sauseschritt. „Globalisierung“ ist die dafür bereitgestellte und gern verwendete Vokabel. Deren Maximen heißen „Miles & More“ und „Good bye Limits“.

Man könnte „Zeit“ jedoch auch völlig anders denken, ganz anders ordnen und leben, wenn man sie nämlich enger an menschliche Erfahrungen und Wahrnehmungen binden würde. Jeder Mensch erlebt ja täglich, dass Zeit letztlich nicht knapp und auch keine ausbeutbare Ressource ist. Sie lässt sich weder „gewinnen“ noch „verlieren“. Zeit kommt immerzu neu nach, und zwar jeden Tag, und jeden Tag gleich viel. So gesehen wird Zeit nicht verbraucht, im Gegenteil, sie wird mehr. Die Geschichtsbücher belegen es. Das Quantum der Zeiten, in denen etwas Berichtenswertes geschehen ist, vermehrt sich kontinuierlich. Auch das individuelle Leben wird, je „lebenssatter“ es sich entwickelt, zunehmend „zeitsatter“.

Zeit kann weder verbraucht noch genutzt, sie kann nur gelebt werden. Aber so denken wir nicht über Zeit, und so handeln wir auch nicht. Warum? Weil wir die Zeit mit Vorliebe ans Geld koppeln. „Zeit ist Geld" – so lautet die allseits bekannte Maxime, an der wir unser Leben ausrichten. Die Formel reduziert die Zeit aufs Quantitative des Geldes, die Qualität der Zeit wird dabei ignoriert. Nur aufgrund dieser Reduktion lässt sich im „Zeitgewinn" jener Sinn entdecken, der, wie heute der Fall, die Beschleunigung zum Erfolgsmodell des Handelns macht. Schnelligkeit erhält in dieser Logik einen positiven Eigenwert: Schnell ist gut – langsam schlecht. Dies fordert der stumme Zwang der Zeit-ist-Geld-Logik. FRANZ KAFKA, der darunter litt, versuchte dieser menschengemachten Logik zumindest in literarischer Form Einhalt zu gebieten. In seiner kleinen Erzählung „Zum Nachdenken für Herrenreiter" notierte er: „Nichts, wenn man es überlegt, kann dazu verlocken, in einem Wettrennen der Erste sein zu wollen." Sein Bremsversuch war – wie man heute erkennen muss – nicht allzu erfolgreich.

Im 21. Jahrhundert haben wir jene Geschwindigkeiten, die KAFKA einst belästigten, weit hinter uns gelassen. Wir sind dabei, uns selbst zu überholen. So benennen wir beispielsweise mit dem ehrwürdigen Zeitbegriff „Generation" neuerdings nicht mehr länger die Lebenszyklen der menschlichen Gattung, wir nutzen ihn, um die erheblich kürzeren Verfallsgeschwindigkeiten von Computern, Mobiltelefonen und anderen Geräten zu klassifizieren. Zu Hause fühlen sich die Menschen heute eher auf der Autobahn als in ihren Wohnzimmern. Die Schnellstraßen sind nicht mehr nur die Zentren des Waren- und des Datentransports (Datenhighways), sondern auch die der menschlichen Existenz.

Der reiche, der börsennotierte Teil der zeitraffenden Welt ist stolz auf jene Leuchttürme der Geschwindigkeit, die den Weg in die gegenwärtige Beschleunigungsgesellschaft markieren. In den Schulbüchern sind ihnen viele Seiten reserviert. Eisenbahn, Auto, Flugzeug, Telefon und neuerdings der Computer, sie haben als Zeitverkürzungs- und Zeitverdichtungsapparate die

Welt schneller und schneller gemacht. Das heute praktizierte Alltagstempo, an dem so mancher scheitert, lässt sich jedoch nicht, zumindest nicht ausschließlich, auf die Beschleunigungspotenz dieser Erfindungen zurückführen.

Der Umgang mit der Zeit, das eher unspektakuläre Leben in den Küchen, den Wohn- und Schlafzimmern der Privatwohnungen, aber auch die routinierten Tätigkeiten im Büro, an der Werkbank, im Kaufhaus, in den Fabriken und den Freizeitarealen, werden in erster Linie vom Tempo der „kleinen Dinge", von den trivialen Ereignissen, den unauffälligen und routinierten Verläufen und Handgriffen beeinflusst. All die vielen „Beiläufigkeiten", die schließlich zu Selbstverständlichkeiten wurden und die erst dann auffallen, wenn sie, aus welchen Gründen auch immer, plötzlich nicht mehr aktualisierbar sind, beeinflussen in allererster Linie das Tempo des nicht immer und überall bunten Alltags.

Es sind diese kleinen Helden der Beschleunigung, die für das Wohlbefinden, für die Aufregungen, die Freuden und Stimmungen maßgeblich verantwortlich sind. Sie sorgen dafür, dass wir uns gehetzt fühlen, über Zeitdruck klagen und uns immerzu wundern, wo die Zeit denn geblieben ist. Sie locken uns in die Zeitfalle des „immer schneller", des „immer mehr" und des „nie genug".

Wer wissen möchte, warum die Menschen mit „Zeit" so umgehen, wie sie dies tun, wer erfahren will, warum Eltern so häufig „mach schnell!" zu ihren Kindern sagen, wer eine Antwort auf die Frage haben möchte, warum heute die beliebteste Ausrede: „Tut mir leid, keine Zeit" heißt, sollte zuallererst auf die „beiläufigen Phänomene" der Beschleunigung schauen. Das zeitliche Alltagsleben wird weitgehend von jenen routiniert eingesetzten Objekten gestaltet, die uns ihre Geschwindigkeiten vorgeben und aufdrängen. Wir Anwender, wir Nutzer reagieren letztlich nur auf deren Tempovorgaben. Entsprechend ändern wir die Gehgeschwindigkeit, die Essgeschwindigkeiten, aber auch das Tempo beim An- und Auskleiden. Wir erleben den Druck zu mehr Schnelligkeit aber ebenso beim Lernen und bei der Suche nach Informationen und Unterhaltung. Der Computer sorgt dafür.

All diese „Kleinigkeiten", diese „Petitessen des Alltäglichen" bewirken eine tief greifende, aber nur selten mit Bewusstheit wahrgenommene Veränderung unserer Lebensumstände und unserer Verhaltens- und Wahrnehmungsweisen. Diese tragen entscheidend dazu bei, dem Schnellen, dem Eiligen, dem Rasanten, dem Flexiblen die Aura des Selbstverständlichen, des Modernen und des Erstrebenswerten zu verleihen. Das noch Schnellere, das noch Eiligere, das noch Rasantere wird so zum „willkommenen Fortschritt", wobei der Anstieg der Prozessgeschwindigkeit dabei das maßgebliche Kriterium für das Prädikat des „Fortschrittlichen" ist. Symptomatisch ist dafür die Schlagzeile der *BILD-Zeitung* vom 3. Oktober 1990 „Das Autoland gibt Gas".

Die These, dass es die unscheinbaren, die beiläufigen Dinge und Handlungsweisen sind, die den Alltag zunehmend zeitlich verdichten und beschleunigen, ist der „rote Faden" dieses Buches. Die Analyse und Beschreibung richten sich auf Gegenstände, Geräte, Instrumente und Genussmittel, die gerne übersehen werden, die jedoch zum festen Bestandteil der Routinen unserer Lebenswelt geworden sind und die die Akzelerationsdynamik unserer Gesellschaft antreiben. Die Beschäftigung mit diesen „randständigen" Phänomenen setzen Autor und Leser gleichermaßen dem Verdacht aus, wertvolle Zeit für irgendwelche Kuriositäten und Abwegigkeiten zu verschwenden. Das mag vielleicht so aussehen, aber es lohnt sich, die Perspektive des „Afrikaforschers des Alltäglichen" einzunehmen, um dabei das zu entdecken, was unseren Alltag so hurtig und dicht macht. Daher werden im Folgenden „Nebensächlichkeiten" und „Trivialitäten", wie die Postkarte, der Suppenwürfel, der Reißverschluss, der Kühlschrank, das Tempo-Taschentuch, die Fernsteuerung, der Teebeutel, der Nescafé und, aus Italien importiert, der Espresso und der Prosecco, zum Thema werden. Anderes Wichtiges fehlt und wird möglicherweise vermisst. Hoffentlich, denn dies wäre ein Indiz dafür, dass beim Leser jenes Interesse geweckt wird, das ihn ebenso zu einem „Afrikaforscher des Alltäglichen“ macht.

Die im Buch beschriebenen „Marginalbeschleuniger“ haben ihre Erfolge im Alltagsleben in den meisten Fällen nicht einer mehr oder weniger genialischen Erfindungsidee zu verdanken. Genialität wurde den Erfindern und Entwicklern oft erst sehr viel später, nach dem Markterfolg ihres Produktes, zugeschrieben. Viele Dinge und Gegenstände sind bereits lange vor ihrem triumphalen Einzug in die Lebenswelt erfunden worden, und dies manchmal auch nicht von jenen Personen, die später auf das Podest des Erfinderruhms gehoben wurden. Häufig lag der zündenden Idee auch die kumulierte Erfahrung und das kollektive Bemühen vieler Menschen zugrunde. So etwa ist das heute so erfolgreiche und verbreitete „Fast Food“ bereits im 12. Jahrhundert in Mitteleuropa eingeführt und unternehmerisch genutzt worden, ohne dass dafür irgendeine Erfinderpersönlichkeit identifizierbar wäre. Im Mittelalter sorgte es für die rasche Essensabfertigung jener Arbeitskräfte, die die bewundernswerten Kathedralen bauten. Der weltweite Siegeszug amerikanischer Frikadellenbrater, italienischer Pizzabäcker und türkischer Döner-Kioske 800 Jahre später, der an solche vormoderne Errungenschaft anschließt, wurde zu einem Zeitpunkt eingeläutet, als die Beschleunigung zu einem weltweit erwünschten, geförderten und belohnten gesellschaftlichen Fortschrittsprinzip geworden war. Das geschah jedoch erst im 19. Jahrhundert, als die Eisenbahn für neue Zeiten sorgte. Mit steigender Transportgeschwindigkeit entwickelte sich schließlich eine gesellschaftliche Grundstimmung, die all jene Erfindungen und Entwicklungen bejubelte, die das Leben schneller zu machen versprachen.

Nicht zu unterschlagen ist in diesem Zusammenhang auch der immer größer gewordene Werbeaufwand, mit dem das jeweils Neue den Kunden und Kundinnen aufgedrängt wurde. Ausgestattet mit den verführerischen Attributen des „Fortschrittlichen“, des „Entlastenden“ und des „Vereinfachenden“ erhöht man die Kaufmotivation. Das Versprechen, durch breitere Handlungsspielräume und größere Zeitgewinne reicher an Gütern, Einkommen und Erlebnissen werden zu können, fiel bei der Mehrheit der Bevölkerung auf fruchtbaren Boden. Teile dieses Versprechens wurden eingelöst. Nicht selten zahlte sich das schnellere Leben auch aus – meist jedoch nur bei einem Teil der Käufer und Nutzer. Diejenigen, die als erfolgreich gelten, führen ihren Wohlstand an Gütern, Geld und Erlebnissen nur allzu gerne auf ihr „Schnellersein“ zurück. Beschleunigung, so deren Botschaft, hat sich für sie ausgezahlt. Dass dabei auch so manche nützliche Oase der Langsamkeit, der Ruhe, der Stille, der Besinnung und der Beschaulichkeit unter die schnellen Räder kam, wird meist verschwiegen.

Die höhere Alltagsgeschwindigkeit gilt als ein entscheidender Schritt zu mehr Freiheit und Wohlstand. Heute predigt, wie Karl Liebknecht dies noch vor 100 Jahren mit triumphierendem Pathos behaupten konnte, nicht „jede neue Maschine das Evangelium der sozialen Emanzipation“, heutzutage transportiert das Neue in erster Linie die Botschaft von Freiheit und mehr Schnelligkeit. So ist es auch nicht verwunderlich, wenn eine Mehrheit der Bevölkerung inzwischen davon überzeugt ist, dass die Freiheit eine legitime Tochter der Beschleunigung sei. Die Werbung suggeriert es: „Alle reden von Freiheit, alle wollen die Freiheit. Nimm sie Dir, schnell!“ Bei all denen, die von solchem „Kurz-Schluss“ überzeugt, zumindest von ihm infiziert sind, wächst die Motivation zum Kauf schnellerer Geräte und all dessen, was „Zeitverkürzung“ und „Zeitverdichtung“ verspricht.

Wenn im Folgenden über den Reißverschluss, das Klistier, die Postkarte, den Teebeutel, den Lift und anderes mehr geschrieben wird, dann geht es um triviale und wenig beachtete Dinge der Alltagsbeschleunigung. Sie sind „Schlüssel“, mit dem sich die Gedanken- und die Handlungswelt einer Gesellschaft und deren Subjekte erschließt, die es in ihrer Mehrheit begrüßt, wenn immer mehr Tempo gemacht wird. Als Repräsentanten des flüchtigen und flüchtenden Zeitgeistes werden sie hier präsentiert. Kurz gesagt: In einem Teebeutel findet man nicht nur eingesperrte Teeblätter, man entdeckt in ihm auch das Tempo dieser Gesellschaft.

Die Analyse und die Darstellung solcher „Zeitzeugen" geschieht von der Zuschauerposition aus. Von dort sieht man bekanntlich mehr als in der Rolle eines Mitspielers. Dieser Blick von der Seitenlinie hat mich bei meiner Beobachtertätigkeit nicht selten überrascht und manchmal verwundert. Zuweilen bin ich stutzig geworden, musste den Kopf über mich selbst und mein eigenes Verhalten schütteln. In diesen Momenten habe ich mich bevorzugt mit der Erkenntnis ALEXANDER DEMANDTS getröstet, dass die Schlaglöcher auf dem Weg des Fortschritts auch dafür da sind, die Menschen unterwegs nicht einschlafen zu lassen. Wenn Bücher etwas zu verändern vermögen, dann könnten sie vielleicht solche Schlaglöcher liefern, die die Leser und Leserinnen davor bewahren, ihr Leben allzu schnell hinter sich zu bringen.

Keine Antwort findet in diesem Buch die Frage, ob es ein Glück oder eher ein Unglück der Menschen ist, dass ihnen die Zivilisation das Leben so viel schneller und angenehmer gemacht hat, sie aber kaum mehr in der Lage sind zu sagen: „Es ist genug."

Kleine Helden der Alltagsbeschleunigung

Was Sie jetzt zu lesen bekommen, kennen Sie. Täglich brauchen und nutzen Sie jene Dinge, Produkte, Geräte und Utensilien, die hier beschrieben werden. In den meisten Fällen jedoch haben Sie darauf verzichtet, sich beim Kauf Gedanken darüber zu machen, was denn das, was Sie sich gerade zulegen, mit Ihnen so macht, zu was es Sie nötigt und auf was Sie wegen dieser Investition in Zukunft verzichten müssen. Weder Ärzte noch Apotheker stehen bereit, Sie über die Folgen und die Nebenfolgen Ihrer Kaufentscheidung aufzuklären. Bedienungsanleitungen werden nur in manchen Fällen mitgeliefert, und wenn, so sind sie meist zu lang, zu kompliziert oder zu unverständlich. Da kaufen wir schnell mal eine Packung Tempo, einige Teebeutel, eine Jacke mit Reißverschluss, einen besseren Kühlschrank, wir gehen mal kurz auf einen Espresso und rasen, jeden Werktag, ins 20. Stockwerk unseres Bürogebäudes. Wir tun dies wie selbstverständlich. Trotzdem verändert sich etwas, in uns, mit uns und durch uns. Schauen wir deshalb genauer hin, und nehmen uns dazu jene Zeit, die wir üblicherweise dort sparen, wo wir uns mal wieder für ein noch schnelleres Produkt entschieden haben.

Der fixe Tee

Wie wär's mit einem Teestündchen? „Nein danke, zu so was haben wir keine Zeit." Tee, ja bitte, aber doch kein ganzes Stündchen. Und schon greift man zum fixen Beutel – ein Augenblick, und der Tee ist fertig. Knappe drei Minuten ziehen lassen und sogleich trinken. So, oder so ähnlich, lautet die moderne Fast-Drink-Version der Teestunde, das verbreitete und allseits beliebte Teeminütchen. Wie nicht anders zu erwarten, stammt die Idee zu diesem Zeitersparnisverfahren aus den USA, obgleich die Amerikaner doch dem langsamen, dem losen Tee, nicht jenem, den sie heutzutage in kleinen Beuteln gefangen halten, ihre Unabhängigkeit zu verdanken haben. Am 16. Dezember 1773 stürmten die aufgebrachten Bürger Bostons drei mit Tee beladene Schiffe der den Briten gehörenden Ostindischen Gesellschaft, warfen die kostbaren, in 342 Kisten verpackten Blätter über Bord und versenkten sie im salzigen Meerwasser. Der gewalttätige Protest ging als „Boston Tea Party" in die Geschichte ein. Er war der Auslöser zu jenem unfriedlichen Ereignis, das als Amerikanischer Unabhängigkeitskrieg in den Geschichtsbüchern seinen Niederschlag fand. Seit dieser Zeit sind die Amerikaner frei, und sie fühlen sich auch so. Aber ihr Tee, und nicht nur der ihrige, ist es nicht mehr. Sein kurzes Leben vor dem finalen Verbrühen muss er in den meisten Fällen eingesperrt in winzigen Papierbeuteln zubringen.

Seit 5000 Jahren wird Tee getrunken, vor 100 Jahren aber erst wurde er zu einem schnellen Instant-Ereignis. 4900 Jahre war das wohlschmeckende Getränk ein Symbol für das beschauliche Leben, für sensible Aufmerksamkeit und Zeitwohlstand. „Ruhe, Stille, Sofa und eine Tasse Tee geht über alles" (Theodor Fontane). Tempi passati. Die Zeiten haben sich geändert.

Die Erfindung des Teebeutels, des „tea bag", so überliefert es eine der üblichen Entdeckerlegenden, wie sie großen Erfindungen als schmückendes Ornament gerne beigegeben werden, beruht auf einem Missverständnis. Echte Teeliebhaber und professionelle Teekenner behaupten, der Teebeutel sei bis heute dieses Missverständnis geblieben.

1904 (andere Quellen sprechen von 1908) verschickte der Export-Import-Kaufmann Thomas Sullivan Teeproben an mehrere seiner Stammkunden. Aus Gründen des einfacheren Transports nähte er die Warenmuster in kleine Seidenbeutel ein. Die Empfänger öffneten und leerten die Beutel jedoch nicht in die vorgewärmte Teekanne, wie Sullivan dies erwartet hatte, sondern hängten die Säckchen ins heiße Wasser. Diese vermeintliche Innovation ihres Lieferanten erschien ihnen äußerst praktisch, nicht zuletzt weil sie zeitsparend war. Begeistert von der Idee, orderten sie weitere Teebeutel. Sullivan, ein geschäftstüchtiger Kaufmann, erkannte in der ihn überraschenden Nachfrage das Marketingpotenzial seiner Beutelidee. Fortan produzierte er kommerziell vertriebene Teebeutel. Binnen kurzer Zeit tat er das mit so großem Erfolg, dass die US-Amerikaner bereits in den zwanziger Jahren des letzten Jahrhunderts den größten Teil ihrer Teegetränke mithilfe portionierter Beutel herstellten. Allzu verwunderlich war dies nicht, da das fixe Aufbereitungsverfahren ideal mit der in den USA dominierenden Lebensphilosophie des „Fortschritts durch Beschleunigung" korrespondierte.

Während die Amerikaner überzeugt waren, sich nur über Zeitgewinne erhofftem Wohlstand und ersehntem Glück annähern zu können, begab man sich im „alten Europa" zur gleichen Zeit auf eine nicht ausschließlich literarische „Suche nach der verlorenen Zeit". Ihr hoffte man sich eher durch eine aufwändig zubereitete und bedächtig getrunkene Tasse Tee und dem Verzehr feinen Sandgebäcks annähern zu können: „In der Sekunde nun, als dieser mit dem Kuchengeschmack gemischte Schluck Tee meinen Gaumen berührte, zuckte ich zusammen und war wie gebannt durch etwas Ungewöhnliches, das sich in mir vollzog. Ein unerhörtes Glücksgefühl, das ganz für sich allein bestand und dessen Grund mir unbekannt blieb, hatte mich durchströmt. Mit einem Schlage waren mir die Wechselfälle des Lebens gleichgültig, seine Katastrophen zu harmlosen

Missgeschicken, seine Kürze zu einem bloßen Trug unsrer Sinne geworden; es vollzog sich damit in mir, was sonst die Liebe vermag, gleichzeitig aber fühlte ich mich von einer köstlichen Substanz erfüllt: oder diese Substanz war vielmehr nicht in mir, sondern ich war sie selbst. Ich hatte aufgehört, mich mittelmäßig, zufallsbedingt, sterblich zu fühlen." (MARCEL PROUST)

Für den weltweiten Erfolg der „Teebeutel"-Innovation spielte, wie so häufig in der Innovationsgeschichte, der Krieg eine wichtige Rolle. Im Ersten Weltkrieg hat man die Verpflegungsrationen der Soldaten erstmalig mit kleinen, abgepackten Teeportionen angereichert. Man füllte sie zu diesem Zweck in kugelförmige, metallene Netze, die sinnigerweise als „Teebomben" eine kriegerische Karriere machten. Der eiserne „Käfig" jedoch war, was den Geschmack des Getränks betraf, äußerst problematisch. Er hinderte die Teeblätter an ihrer Entfaltung im heißen Wasser. Aber im Krieg wird auf Geschmack ja bekanntermaßen nicht allzu viel Wert gelegt. Jedenfalls fand über den Umweg durch die Schützengräben Mitteleuropas das Prinzip der vorgepackten Portionierung eine breite Akzeptanz, die sich dann in den Friedenszeiten noch erheblich verstärkte.

Mitte der dreißiger Jahren gelang dem deutschen Ingenieur ADOLF RAMBOLD schließlich der entscheidende Schritt zur Qualitätsverbesserung des Beuteltees. Seine Erfindung erlaubte den abgepackten Blättern den Zugang zum heißen Wasser von allen vier Seiten. Der ohne die Verwendung von geschmacksbeeinflussendem Klebstoff hergestellte Rambold'sche „Doppelkammerbeutel" eroberte die Welt der fixen Teetrinker in Windeseile. So waren es zwar nicht die deutschen Teebeutel, aber die deutschen Teebeutelmaschinen, die den Weltmarkt schließlich „beglückten". Sogar die Briten, die bis zum Jahr 1968 nur 3 Prozent ihres Teekonsums mit Beuteln herstellten, greifen inzwischen bei fast 90 Prozent aller Gelegenheiten zu diesem raschen und praktischen Zubereitungsverfahren.

Heute findet man in jedem Lokal, jeder nur minimal ausgestatteten Küche, in den meisten Büros und selbstverständlich auch in allen Speisewagen, Campingbussen und in unzähligen

Rucksäcken die verschiedensten Beutelchen mit eingesperrtem Tee. „Leicht und schnell“, so wirbt die griffige Attraktion des raschen Zubereitungsverfahrens. Wer könnte es da noch wagen, als modernisierter und flexibilisierter Bürger ein solches Versprechen zu ignorieren? Und wer könnte sich dies heutzutage überhaupt noch leisten? Die Amerikaner anscheinend nicht. Sie haben das Teebeutelprinzip neuerdings sogar für die Fasslagerung ihrer Weine entdeckt. Nicht mehr in teueren Eichenfässern, sogenannten Barriques, wird das alkoholische Getränk dort ausgebaut, sondern in großen Edelstahltanks, in die aus Gründen der Geschmacksverbesserung überdimensionierte Teebeutel mit Eichenchips gehängt werden.

Im 21. Jahrhundert hat der fixe Tee die Welt erobert, und dies mit einem Artenreichtum, den man in der Natur nur mehr selten antrifft: Fixminze, Fixmille, Fixbutte und jedes Jahr ein neues fixes Teeprodukt. Alle tragen sie dazu bei, das Leben noch schneller zu machen, als es dies bereits ist: „Fix life“[1] ist angesagt – möglichst an allen Orten und zu allen Zeiten. Der „Tea-to-go“ wartet sehnlichst auf eine Vermarktungschance. Er wird sie bekommen, denn die Cupholder dafür sind in den Automobilen längst installiert.

Nun gut, ein wenig mehr Bequemlichkeit, geringerer Aufwand und etwas mehr Schnelligkeit sind eigentlich kein Grund, so kritisch zu sein. Warum also dieser ironische Unterton, warum diese Skepsis gegenüber dem unschuldigen Teebeutel? Zeitgewinne eröffnen doch viele neue Chancen. Zumindest kann man in der gewonnenen Zeit vieles andere auch noch tun. So gesehen hat der „Tee für Eilige“ doch seine aus- und nachweisbaren Vorteile. Aber Vorsicht! Die Eile ist es auch, die die Menschen, wie den Tee, daran hindert, sich so zu entfalten, wie es möglich und sinnvoll wäre. Nur wer sich frei bewegen kann, ob im heißen Wasser oder im gemäßigt temperierten Leben, kann auf eine umfassende Entfaltung seiner Potenziale hoffen.

---

1 Ein Begriff, auf den der Autor Markenschutz beansprucht – nicht zuletzt um zu verhindern, dass demnächst irgendeiner der globalisierten Getränke- und Entertainmentkonzerne sich damit schmückt.

Das trifft auf Teeblätter in gleichem Maße zu wie auf die Konsumenten jenes Getränkes, das aus ihnen hergestellt wird.

Ähnlich argumentiert eine wenig auffällige Minderheit von Teeliebhabern bei ihren Kommentaren über die sich epidemisch ausbreitende Teebeutel(un)kultur. So mancher Hersteller von Teebeuteln macht es ihnen dabei relativ leicht. Für „tea bags" wird nicht selten billiger Tee-Abfall (Teestaub) verwendet, und die Mengenangaben sind auch nicht immer sehr verlässlich.

Echte Teeliebhaber und Teekenner suchen die Distanz zu den Erfolgen der Teefix-Innovationen. Der Tee für die Eiligen, so ihre nicht ganz unberechtigten Einwände, verstoße gegen den wahren Geist des von den Göttern einst auf die Erde gebrachten Getränks. Dieser werde erst durch den traditionell-zeremoniellen Vollzug der Zubereitung und den langsamen, bedächtigen Konsum spür- und erfahrbar. Insbesondere die japanische Teekultur, die maßgeblich vom Teekult geprägt wurde, hält ein umfangreiches kontemplatives Sinnverständnis dafür bereit. Die Seelen der Menschen, so die östliche „Philosophie", werde durch eine ritualisierte Zubereitung und das besinnliche Trinken des Tees zur Ruhe, zur Beschaulichkeit angehalten. Diese wiederum versetzt die Trinkenden in eine meditative Stimmung, die sowohl das Wesen der Dinge als auch das der Natur zu offenbaren vermag. „Man trinkt Tee, damit man den Lärm der Welt vergisst." (T'IEN YI-HENG)

Die sensible Auswahl der Teesorten, die Aufbewahrung der Blätter, die richtige Qualität des Wassers, die Materialien sowie die Formen der Kannen und Tassen, aber auch die Teemenge, die Zeit des Ziehenlassens und anderes mehr spielen in jener hoch entwickelten Teekultur eine entscheidende Rolle, die der Münchner Konditor und Kaffeehausbesitzer ROTTENHÖFER 1864 in einer kleinen Schrift den „wohlservirten Theetisch" nannte.

Heutzutage trinkt man den Tee nur noch selten, um den Lärm und die Eile der Welt vergessen zu machen oder davon loszukommen. Oasen der Ruhe, des Beschaulichen, des Zeitwohlstandes sucht man in der flexibilisierten Zeitspar-Gesellschaft häufig vergeblich. Nicht zuletzt deshalb konnte der Teebeutel seinen Siegeszug antreten und ihn inzwischen weitgehend auch vollenden. Nicht gezwungen, freiwillig und bereitwillig verzichten die fixen Konsumenten unserer Tage auf die Erfüllung des Zen-Versprechens, beim beschaulichen Teegenuss von ihrer Sorge um die Vergänglichkeit des Irdischen erlöst zu werden. Sie scheinen es hingegen vorzuziehen, ihre Existenz als „gebeuteltes" Subjekt zu führen.

Dass es im alten China anders zuging, berichtet eine Anekdote, deren Realitätsgehalt nicht abgesichert ist:

In einem chinesischen Haus erschien überraschend Besuch. Da kein Tee vorhanden war, schickte der Hausherr zum Nachbarn, Tee zu borgen. Die Frau setzte inzwischen den Kessel aufs Feuer. Das Wasser kochte; der Bote war noch nicht zurück. Man schüttete kaltes Wasser nach; der Bote kam immer noch nicht. Schließlich war der Kessel voll kochendem Wasser, doch der Tee fehlte. Da sprach die Frau des Hauses: „Wollen wir unseren lieben Freund nicht baden lassen?"

So viel „Tempo“ war nie!

„Auf Schnupfen-Nächten liegt ein Fluch – da hilft das Tempo-Taschentuch“

„Hatschiiieee!“ „Gesundheit“, „Haste mal ein Tempo für mich?“ „Klar, hab ich doch immer dabei!“ Der Griff in die Hosen-, die Jacken- oder die Handtasche beweist es: Wenig im Leben ist so treu wie das Tempo-Taschentuch.

Kein Zweifel, es war ein pfiffiger Einfall, die mit viel neuem Tempo einhergehende Aufbruchstimmung zu Beginn der zwanziger Jahre (des letzten Jahrhunderts) zum Markennamen des eben erfundenen Papiertaschentuches zu machen. Ganz Deutschland war auf dem Weg, sich zu beeilen: Der Berliner Flugplatz Tempelhof wurde eröffnet, die Luftpost nahm ihren Betrieb auf, und Charles Lindbergh überflog nonstop den Atlantik. Die meisten Menschen profitierten davon. Es ging aufwärts, und selbst Unfälle, wie bei der schnellen *Titanic*, konnten die Beschleunigung nicht bremsen.

Hohen Geschwindigkeiten war allseitiger Jubel sicher. Rekorde fielen im Rekordtempo. Das Volk war stolz auf die Fähigkeiten seiner Techniker, Ingenieure und Erfinder, besonders wenn es diesen gelang, dem Alltag mehr Tempo zu geben. „Schneller, weiter, höher“ wurde zum Lebensprinzip der damaligen Nachkriegsgeneration. Dazu passte das fixe und praktische Wisch-und-Weg-Prinzip des Papiertaschentuches.

Seit Januar 1929, dem Jahr der Eintragung des Warenzeichens „Tempo“ beim Reichspatentamt in Berlin, werden Alt und Jung, Frauen und Männer, Reiche und Arme überall und jederzeit vom Tempo-Taschentuch begleitet. Benutzt wird es für alle möglichen, aber ebenso für unmögliche Fälle. Es sind nicht nur die Nasen, die mit „Tempo“ geputzt werden. „Tempo“ ist auch seit Längerem nicht mehr nur der attraktive Markenname einer Herstellerfirma. „Tempo“ ist inzwischen zur umfassenden Bezeichnung aller Arten von Papiertaschentüchern geworden, zumindest im deutschsprachigen Raum.

Einige Jahre vor der europäischen Taschentuchrevolution, bereits im Jahr 1924, gelang der US-amerikanischen Firma „International Cellucotton" die erfolgreiche Vermarktung von Papiertüchern unter dem Markennamen „Kleenex". Kleenex startete seine bis heute andauernde Umsatz- und Bekanntheitskarriere nicht als Taschen-, sondern als Wegwerf-Papiertuch. Sein Anwendungsbereich war in erster Linie auf das Entfernen von Kosmetika gerichtet. „Kleenex", so die damals eingängige Werbung, ist „der lustgerechte Weg, sich abzuschminken". Als 1929 die bis heute gebräuchlichen Boxen mit der praktischen „Pop-up-Funktion", bei der nach dem Entnehmen eines Tuches sogleich ein weiteres nachrutscht, auftauchten, verwendete man die Kleenex-Tücher immer häufiger auch beim Naseputzen. Die Marketingexperten reagierten und konzentrierten ihre Werbekampagnen zuallererst auf diesen Gebrauch, ohne dabei jedoch den traditionellen Anwendungsbereich des Kleenex-Tuches zu vernachlässigen. Heute putzt sich ganz Europa (Ausnahme: Großbritannien) mit „Tempo" die Nasen. Der große Rest der Welt entscheidet sich in den allermeisten Fällen für ein „Kleenex". Beide Erfolgsprodukte verdanken ihre steile Karriere in erster Linie ihrem Beschleunigungspotenzial. In idealer Art und Weise kombinieren sowohl „Kleenex" als auch „Tempo" das Wisch-und-weg- und das Ex-und-hopp-Prinzip. Seitdem sind Hausfrauen von jenem Zeitaufwand entlastet, der im ehemals waschmaschinenlosen Zeitalter beim Reinigen und beim Bügeln der Textiltaschentücher anfiel.

Bis heute hält der Siegeszug des Tempo-Taschentuches an. Überall und annähernd zu jeder Gelegenheit kramt der eilige und hoch mobile Mensch der Gegenwart eines dieser praktischen Papierprodukte aus irgendeiner seiner Taschen oder fragt, wenn gerade mal keines zur Hand ist, den erstbesten Nahestehenden: „Haste mal ein Tempo?"

Der weiter anhaltende Erfolg dieser praktischen Erfindung ist auch eine Folge der ständigen Produktverbesserungen an dem eigentlich recht simplen Gebrauchs- und Verbrauchsprodukt. So wurde die Qualität des Papiers kontinuierlich dem

Wandel der Kundenbedürfnisse angepasst. Auch die immer wieder verbesserte Faltung der Einzeltücher und Innovationen bei der Verpackung waren darauf ausgerichtet, die sich verändernden Bedürfnisse der Käufer zu befriedigen. Der seit 1963 eingeführte „Tempo-Griff" kam schließlich dem Wunsch entgegen, das Entfalten eines Papier-Taschentuches mit nur einer Hand, und damit erheblich rascher, zu erledigen.

Dem Beschleunigungsinteresse der Kunden diente auch jene Innovation, die ein rascheres Aufbrechen der Doppel-Packung ermöglichte. In den neunziger Jahren schließlich erweiterte der inzwischen in US-amerikanischen Besitz übergegangene Tempo-Hersteller seine Produktpalette durch die bei Kleenex bereits erfolgreiche Zupfbox. Diese wiederum beschleunigte die bis dahin übliche Ruck-Zuck-Entfaltung um weitere Sekundenbruchteile.

Nach weiteren, zuweilen auch weniger erfolgreichen Anstrengungen zur Qualitätsverbesserung wird heute die Produktqualität des Tempo-Taschentuches dem so treuen wie breiten Kundenstamm als „weich, rissfest und durchschnupfsicher" offeriert. Das Versprechen des Herstellers, mit dem „Tempo" einen unverzichtbaren Begleiter für alle Lebenslagen geschaffen zu haben, bedarf in Zeiten des extrem raschen Wandels und der zunehmenden Attraktion des Neuen kontinuierlicher Innovationsphantasie. Daran mangelt es den Marketingexperten nicht. Die verbreitete Erfahrung, dass jenes Tempo, das wir im Alltag an den Tag legen, nicht selten auch im Stau endet, veranlasste den Hersteller der Tempo-Taschentücher, bei der Werbung nicht mehr ausschließlich auf das Bedeutungsfeld größerer Schnelligkeit zu setzen. Die Verkaufsstrategen jener 39 Milliarden Papiertaschentücher, die derzeit in der Bundesrepublik jährlich verkauft werden, betonen neuerdings daher die Möglichkeiten zum multifunktionalen Einsatz ihres Produktes. Man kann, so ihre Botschaften, das Tempo-Taschentuch für alles und jedes einsetzen und nutzen.

Es ist für die kleinen und großen Rotznasen ebenso geeignet wie als Begleiter für tränenreiche Abschiede. Ist die Brille mal beschlagen, kann es genauso hilfreich sein wie beim Bemühen, die freie Sicht durch die Windschutzscheibe zu erlangen. Auch das diskrete Verschwindenlassen eines Kaugummis lässt sich mit seiner Hilfe perfekt arrangieren. Darüber hinaus entlastet das „Tempo“ bei so mancher Peinlichkeit, insbesondere beim versehentlichen Verschütten und Verkleckern in gesellschaftlichem Rahmen. Dem Wunsch, ein unangenehmes Malheur möglichst rasch und diskret ungeschehen werden zu lassen, kommt die bewährte Ruck-zuck-Entfaltungstechnik in idealer Art und Weise entgegen. Als nützlich erweist es sich auch als Sitzunterlage bei einer Rast auf einem Baumstumpf am Waldesrand. Die einen schützen damit ihre empfindliche Hose, andere ihre schütteren Haare vor allzu intensiver Sonneneinstrahlung.

Der sich neuerdings im Arbeits-, aber auch im Privatbereich abzeichnenden Tendenz zu Mehrfachtätigkeiten und zu mehr Flexibilität hat sich das Tempo-Taschentuch inzwischen weitgehend angepasst. Nicht zuletzt sorgt ein neues „Fun-Design“ mit Disney- und Loriot-Motiven dafür. Eine Garfield-Edition und auch die beliebten Helden der Simpson-Familie sollen nicht mehr nur fürs Naseputzen und Tränenwischen nützlich sein, sondern darüber hinaus für eine heitere Stimmung beim hygienischen Einsatz sorgen. Unterhaltsames Funktionieren und funktionsgerechte Unterhaltung, auch beim Naseputzen, wer könnte sich einem solch attraktiven Angebot entziehen, ohne dabei dem Verdacht ausgesetzt zu sein, sich absichtlich dem derzeit gültigen gesellschaftlichen Grundkonsens zu verweigern?

Das Tempo-Taschentuch ist heute, mehr als je zuvor, einer der verlässlichsten Begleiter zu allen Gelegenheiten und Verlegenheiten. So zumindest sehen es seine Hersteller, und so wollen sie es auch wahrgenommen haben. Die Käufer bestätigen dieses Versprechen mit jeder erworbenen Packung. Das Allzwecktuch dient ihnen für hygienische Zwecke wie für allerlei symbolische Handlungen. Ästhetische Standards lassen sich mit ihm genauso problemlos einhalten, wie es peinliche

Situationen zu beseitigen hilft. Ein Leben ohne „Tempo" wäre heute ein äußerst gefährliches Leben. In einer immer instabileren Welt sorgt es für notwendige Stabilität, auf die zu verzichten grob fahrlässig wäre. So gesehen ist es ein Glück, dass die Vertriebsstrategie heute auf lückenlose Zugriffsmöglichkeiten hin ausgerichtet ist. Die Überallerhältlichkeit von Tempo-Taschentüchern reicht vom Zeitungskiosk bis zum Lebensmittelmarkt, von der Apotheke bis zur Tankstelle, von der Hotelrezeption bis zum Schreibwarenladen. Das Tempo-Taschentuch hat erreicht, was sich jeder Unternehmer erträumt: Jeder und jede kennt es, braucht es, findet es sogleich und kann es überall kaufen.

Nicht unterschlagen sollte man bei diesen Erfolgsmeldungen den nicht geringen disziplinarischen und erzieherischen Aufwand, den es bedurfte, die Menschen dazu zu bringen, ihre Jacken-, Hosen- und Handtaschen mit Wegwerftüchern zu füllen, und sie dann schließlich bei allerlei Anlässen auch zu nutzen. Dazu war ein längerer Anlauf notwendig. Ganz ohne sentimentale Reminiszenz kann die Geschichte des „Tempos" daher nicht erzählt werden. Als die Welt noch erheblich weniger „Tempo" als heute hatte, besaßen die Taschentücher Funktionen, die im Laufe der Zivilisationsgeschichte verloren gingen. Speziell die reiche Symbolsprache des Beziehungs- und Liebeslebens des 17. Jahrhunderts verlieh dem verzierten Taschentuch einen herausragenden Stellenwert. Es diente ehemals als Ehepfand, als ausdrucksstarkes und beziehungsreiches Neujahrsgeschenk, als bewahrenswertes Taufpräsent. Auch seinen einstmals wichtigen Aufgaben als Repräsentationsutensil bei Begrüßungen bewunderter und angesehener Personen in der Öffentlichkeit ging das Taschentuch inzwischen verlustig, und bei Abschieden am Bahnsteig kommt nur mehr selten jemand auf die Idee, Zurückgebliebenen mit einem Tempo-Taschentuch nachzuwinken. In den Zeiten der Renaissance verwendeten adlige Frauen geschmückte Ziertücher (Fazzoletti), um den von ihnen bewunderten Männern ihre Zuneigung zu zeigen. Die wiederum schmückten sich damit in demonstrativer Art und

Weise am Oberarm und inszenierten hiermit ihre Attraktivität im öffentlichen Raum. Der höfischen Kultur war es bis ins Rokoko hinein vorbehalten, eine „Sprache" des Taschentuches zu entwickeln und zu pflegen, in der die Menschen ihrer aktuellen Gefühlswelt Ausdruck verleihen konnten. Papiertaschentücher sind für solch filigrane Zeremonien schlecht geeignet. Die Gesten der Koketterie lassen sich mit noch so viel „Tempo" nicht allzu sehr verfeinern.

Auch konnten Frauen früher an Taschentüchern ihre textile Kunstfertigkeit unter Beweis stellen. Nicht selten statteten sie sie mit feiner Spitze und reichen Stickereien aus. Relativ spät erst wurde das Taschentuch schließlich zum Gebrauchsgegenstand des Alltags. Erst im 18. Jahrhundert, als sich ein verfeinertes Peinlichkeitsempfinden gegenüber menschlichen Geräuschen wie lautem und demonstrativem „Schnäuzen" entwickelte, zog es in den Alltag ein. Die Schnupftücher, damals noch „Sacktücher" genannt, werden seit dieser Zeit in erster Linie dazu verwendet, die der Diskretion anempfohlenen Aktivitäten möglichst unauffällig zu erledigen. So wurde das Zubehör „Taschentuch" schließlich zum unverzichtbaren Teil der Minimalausstattung jeder zivilisierten Alltagsexistenz. Wer heute kein „Tempo" dabei hat, verabschiedet sich aus der Gemeinschaft der Zivilisierten, und dies auf eigenes Risiko. Es darf vermutet werden, dass sich auch der Handtaschenfetischismus der weiblichen Mitglieder des englischen Königshauses mit diesem Sachverhalt erklären lässt.

Verloren ging bei diesem Fortschritt der hoch differenzierte, nonverbale Ausdruck der Taschentuchgesten, der von Nestroy in filigraner Ziertuchsprache überliefert wurde: „Meine Ansicht ist die", erklärt Nestroy einer Unbekannten, die er nur ein einziges Mal aus der Ferne gesehen hat, „junge schöne Damen mögen in was für immer Lebensverhältnissen seyn, ein im Stillen begünstigter, beglückter, und dafür dankbarer, discreter Freund ist nie unbedingt zu verwerffen, und selbst, wenn Sie Braut seyn sollten, dürft Ihnen nach den Flitterwochen ein derart geheimer Freund nicht ohne Nutzen seyn. Wenn Sie in meine Absicht eingehen, mein Fräulein, und darauf kömmt Alles an, dann hoffe ich dass Sie das, was ich Ihnen alsbald proponieren werde, nicht zurückweisen dürften." Der verliebte NESTROY schlägt vor, sich zu festgesetzter Stunde in den Prater kutschieren zu lassen, um im Augenblick des Vorüberfahrens von seiner angebeteten Dame einen Wink mit dem Schnupftuch, als „hochbeglückendes Zeichen" zu empfangen. So geschiehts dann auch. Die Liebschaft, die mit einem Taschentuchsignal begann, nimmt ihren wohlbekannten Lauf.

Heute, wo wir bereits seit Längerem im Zeitalter der Tempo-Taschentücher angekommen sind, beginnen Liebesgeschichten unkomplizierter. Meist geht es schneller, direkter zu. Auf die raffinierte Taschentuchsymbolik wird verzichtet, sogar für den Knoten, der an den verabredeten Anruf am Abend erinnern soll, ist das „Tempo" nicht mehr geeignet. „Tempo" braucht man hingegen dann, wenn einer der Partner „verschnupft" ist oder wenn, in intensiveren Beziehungsphasen, die Brille mal wieder beschlägt. Daher auch ist es empfehlenswert, in verliebten Lebenslagen immerzu die notwendige Anzahl an „Tempo" griffbereit zu haben. Unverzichtbar ist es auf jeden Fall dann, wenn es mit der Liebe zu Ende geht.

Ein Zug – und es ist geschafft!
Der Reißverschluss

Wir leben schnell, rastlos und schnurstracks. Keine Haken mehr, keine Ösen und immer weniger Knöpfe bremsen uns bei jenem Dauerlauf, den man das Leben nennt. Wer Geteiltes mit Schnüren zusammenhält, wer sich weiterhin auf- und zugeknöpft zeigt, hat gute Chancen, vom Fremdenverkehrsamt subventioniert zu werden!

In allererster Linie sind es nur mehr Trachtenvereine, die sich um die Erinnerung an traditionelle Verschlusstechniken, zumindest bei Kleidungsstücken, verdient machen. Nostalgisch interessierte Blicke ernten all jene, die ihr Mieder schnüren, die Schmuckbänder durch Ösen ziehen, Schuhe mit Haken tragen und ihre Lederhosen durch kunstvoll geschnitzte Knöpfe verschließen.

Die Träger solch „altmodischer“ Kleidung sind heute beliebte und bedrängte Fotomotive bei allerlei folkloristischen Vergnügungen. Da geht es den vielen Dringlichkeitsdynamikern des 21. Jahrhunderts ganz anders. Sie sind in ihrem gehetzten Alltag von solch umständlichen und zeitraubenden Verschlusstechniken befreit und sparen damit jene Zeit, die sie dann zum Geldverdienen nutzen. Sie unterwerfen sich, ebenso wie ihre Verschlüsse, dem Diktat des „Sofortismus“.

Die Gleitverschlüsse sind es, die heute die Versprechen von Freiheit und Zeitgewinn einzulösen vorgeben. Besser bekannt ist diese Technik, der man im Deutschen begrifflich einen gewaltsam-hektischen Charakter verliehen hat, unter der Bezeichnung „Reißverschluss“. Wer vom Reißverschluss spricht, darf von einer Gesellschaft, in der es möglichst schnell zugehen soll, nicht schweigen. Andererseits könnte man schwerlich heute von einer Hochgeschwindigkeitsgesellschaft sprechen, wenn es diesen nicht gäbe. Der Fortschritt, der den Knöpfen ihre hervorragende Prominenz an den Kleidungsstücken raubte und dem Gleitverschluss zur ungeahnten Karriere verhalf, hat eine längere Vorgeschichte.

Im 14., 15. Jahrhundert, die mechanischen Uhren waren zur Eroberung der Stadt- und der Kirchtürme angetreten, entschied man sich, der neuen mechanisierten Uhrzeit gehorchend, dem Alltagsleben mehr Tempo zu geben, und ersetzte das umständliche und zeitraubende Schnüren von Kleidungsstücken durch die praktischeren und schnelleren Knopfverschlüsse. Die bahnbrechende Erfindung des Knopfloches erlaubte es. Seitdem leben die Menschen in mehr oder weniger zu- oder aufgeknöpfter Art und Weise. Sie profitieren von der Schnelligkeit, bei ihren umfassenden Fortschrittsbemühungen nicht mehr länger durch sperrige Verschlusshaken und kompliziertes Schnüren aufgehalten zu werden.

Solch frühem Schritt in die Beschleunigungsgesellschaft folgten später dann weitere. Besonders zur Wende vom 19. zum 20. Jahrhundert, einer Zeit, als sich die Transportgeschwindigkeit vervielfachte, wuchsen in der Bevölkerung die Erwartung und das Bedürfnis, auch die „kleinen" Handgriffe des Alltags schneller werden zu lassen. Klagen, dass viel Zeit beim An- und Ausziehen von hohen, geknöpften Schuhen „verplempert" wird, veranlassten findige Ingenieure, den eiligen Zeitgeist zu befriedigen, indem sie die Entwicklung schnellerer Verschlussverfahren vorantrieben. So gesehen überrascht es auch nicht, dass es Erfindern aus dem „Land der unbegrenzten Beschleunigungsmöglichkeiten" schließlich gelang, dahingehend erste Erfolge zu melden. Der „Zipper", in Deutschland nannte man die neue Technik seltsamerweise „Reißverschluss", schaffte es in äußerst kurzer Zeit, sich als erfolgreichste haken- und knopflose Verschluss- und Öffnungstechnik durchzusetzen. „Ein Zug – und es ist geschafft". Und Millionen Käufer bestätigten die Zeitsparattraktion des neuen, schnellen Verfahrens.

1923 erhielt die fixe Technik schließlich jenen Namen, der ihren Gebrauch lautmalerisch imitiert. Die Typenbezeichnung „Zipper" – noch schneller, noch kürzer „Zip" – lässt sich nur unzureichend mit „zischen" ins Deutsche übersetzen. Die assoziative Nähe zu einem scharfen, hohen Ton, den ein mit Höchstgeschwindigkeit vorbeifliegender Gegenstand, z. B. ein

Geschoß, verursacht, war von den Zipper-Produzenten beabsichtigt. Beschleunigungsofferten verkauften sich nämlich in den zwanziger Jahren, und tun es heute noch, besonders gut. Der Reißverschluss war und ist ein solch attraktives Zeitsparangebot. Er ist das typische Produkt einer Zeit, die man heute als „Zeitalter der Nervosität" (RADKAU) charakterisiert. Er ist eine ideale Verschlusstechnik für Menschen, die sich immerzu auf dem Sprung befinden, die das Schnelle präferieren und sich auf der Überholspur des Lebens zu Hause fühlen. Sie lieben das fixe „Aufreißen".

Der „Zipper-Boot", ein mit einem Reißverschluss lieferbarer Stiefel, markiert den Anfang des kommerziellen Erfolges. Die Firma GOODRICH, die sich den „Zipper" in den zwanziger Jahren als Warenzeichen schützen ließ, konnte und wollte aus verständlichen Gründen jenen Trend nicht aufhalten, der den „Zipper" schließlich zur umfassenden Bezeichnung aller marktgängigen Gleitverschlussvarianten machte. Der deutsche Name des Sekundenverschlusses reicht hingegen nur sehr beschränkt an das lautmalerische Assoziationspotenzial des amerikanischen heran. Der Begriff „Reißverschluss" provoziert die Nähe zum Zerstörerischen und Aggressiven. Trotzdem – vielleicht aber auch gerade deshalb – setzten sich Begriff und Technik hierzulande ebenso schnell durch wie in den USA.

Die technischen Grundlagen für den knopflosen Alltagsbeschleuniger „Reißverschluss" entwickelte der US-Amerikaner ELIAS HOWE – übrigens auch der Erfinder des Beschleunigers „Nähmaschine" – bereits 1851. Er beschrieb seine Neuerung damals als einen „automatischen, ununterbrochenen Kleiderverschluss, der aus einer Reihe von auf Rippen laufenden und gleitenden Haken besteht, die durch eine Verbindungsschnur zusammengehalten werden". Die damals weitgehend resonanzlose Idee wurde jedoch nicht vermarktet. HOWE erkannte zwar, was seine Erfindungsgabe betraf, den Trend der Zeit, war aber den Bedürfnissen der Bevölkerung Jahre voraus. So verstaubte seine Erfindung schließlich in den Archiven des amerikanischen Patentamtes.

Die Optimierung des Howe'schen Verschlussmechanismus durch den amerikanischen Ingenieur Withcomb Judson (1893) blieb, was den Markterfolg betraf, ebenso unbeachtet. Auch er fand keinen Kapitalgeber, der das Risiko einzugehen bereit war, mit der Produktion von Reißverschlüssen geschäftlichen Erfolg anzustreben. Howe und Judson waren, wie viele andere Erfinder auch – ihr berühmtester Vorgänger ist Leonardo da Vinci –, mit ihren Ideen und Innovationen sowohl den Marktverhältnissen als auch den Bedürfnissen der Bevölkerungsmehrheit weit vorausgeeilt.

Der Durchbruch gelang schließlich im Jahr 1917, als von dem in die USA ausgewanderten Schweden Sundback ein weiteres Patent auf den praktisch-schnellen Metallverschluss angemeldet wurde. Eine Firma mit dem vielversprechenden Namen „Hooken Fastener Company“ war bereit, das ökonomische Risiko der Vermarktung zu übernehmen. Sogleich zeigten sich viele Menschen weniger zugeknöpft.

Für den ersten großen Absatzerfolg sorgte, wieder einmal, der Krieg. Er war der größte Beschleuniger des 20. Jahrhunderts. Der Bedarf der US-Marine nach rasch verschließbaren Gürteln und Geldtaschen und der des Flugpersonals nach Anzügen, die mit Höchstgeschwindigkeit geöffnet und geschlossen werden konnten, sorgte für einen ersten Boom der neuen Verschlusstechnik. Dort, wo es um Leben und Tod geht, erhöhen Beschleunigungsmöglichkeiten bekanntermaßen die Lebens- und die Überlebenschancen. Aber auch in friedlicheren Zeiten führt mehr Schnelligkeit, etwa wenn's ums Überleben auf konkurrierenden Märkten geht, oftmals zu entscheidenden Vorteilen.

Kein Wunder also, dass Unternehmer das attraktive Beschleunigungspotenzial der Reißverschlusstechnik erkannten und es für ihren ökonomischen Erfolg nutzten. Handschuhe, Tabakbeutel, aber auch Schuhe, speziell Überschuhe, wurden zunehmend mit praktischen und schnellen Gleitverschlüssen ausgestattet. Innerhalb von nur 17 Jahren (von 1917–1934) stieg die jährliche Produktion der Reißverschlüsse von anfänglich 24 000 auf über 60 Millionen Stück. Nach den USA lief in Deutschland ebenfalls die Massenproduktion an.

Der führende deutsche Hersteller übernahm den amerikanischen Begriff der Innovation und nannte seine Firma: „Zipp-Werke“. Ende der zwanziger Jahre verwendete man schließlich den Reißverschluss bei der zivilen Oberbekleidung. Zuerst stattete man ausschließlich die Damenkonfektion damit aus, kurze Zeit später dann auch die Sportmode. Als sich schließlich Mitte der dreißiger Jahre der in Kitzbühel weilende PRINCE OF WALES bei einer Schneiderin Skisporthosen und Knickerbockers mit Reißverschlüssen anfertigen ließ, durften sich auch die Männer mit gutem Gewissen beim Öffnen und Verschließen ihrer Kleidung mehr beeilen. Der Reißverschluss war nicht mehr stillos. Seitdem hat der „Zip“ viel dazu beigetragen, den Alltag zu beschleunigen, ihm mehr Tempo zu geben. Zuweilen zeigt er sich dabei demonstrativ, in vielen Fällen aber wirkt er eher im Verborgenen, wird kaum sichtbar und bleibt diskret. Demonstrativ indiskret präsentiert er sich jedoch dort, wo er in halb geöffnetem Zustand mehr freilegt als verschließt.

In welcher Ausprägung auch immer, der Reißverschluss beweist in augenfälliger Art, dass die modernen, schnellen Zeiten den Menschen direkter auf den Leib rücken. Wer eilt, ist wichtig, wer schnell ist, angesehen. Mehr Tempo ist fast überall erwünscht. Es glitzern die Lederjacken, und nicht nur die von rasenden Motorradfahrern. Nur mehr wenige Handtaschen lassen sich nicht in Sekundenschnelle öffnen und verschließen, der Reißverschluss macht's möglich. Die Zugeknöpften dürfen und müssen damit rechnen, demnächst ins Artenschutzprogramm aufgenommen zu werden. Sie setzen sich dem das Ansehen schädigenden Verdacht aus, zu viel Zeit zu haben. Der Reißverschluss gehört heute zu den Helden des Alltags und die, die ihn gebrauchen, hoffen, auch dazu gezählt zu werden.

Haken, aber auch Knöpfe, einstmals demonstrative Symbole und Signale von Prestige und Würde, sieht man immer seltener, sie degenerieren zum ornamentalen Beiwerk folkloristischer Ereignisse. Bei Trachtenumzügen, Staatsempfängen, lokalen

Zeremonien und kirchlichen Ritualen, allesamt Aktivitäten, die durch ihre Distanz zur Hektik des Alltags auffallen, lassen sich ab und zu noch Kleidungsstücke entdecken, die der Dominanz von Reißverschlüssen Widerstand entgegensetzen. Das gelingt jedoch immer seltener. Die 70 Millionen laufende Meter Reißverschluss, die heute allein in Deutschland produziert werden, lassen es kaum mehr zu. In den Industrieländern ge- und verbraucht inzwischen jeder Bewohner im Laufe seines Lebens 20 Meter davon. Selten ein Tag, an dem man den knopflosen Alltagsbeschleuniger nicht in die fixe Pflicht nimmt. Daher wird es nicht ausbleiben, dass jene Historiker, die den Alltag der Menschen untersuchen, in naher Zukunft vom 20. Jahrhundert als dem „Reißverschlusszeitalter“ sprechen werden.

Das Einsatzfeld von Reißverschlüssen vergrößert sich auch noch im 21. Jahrhundert von Tag zu Tag. Schon längst verlangt man vom „Zipper“ nicht mehr nur das Kunststück, geteilte Kleidungsstücke miteinander zu verbinden. Inzwischen flexibilisiert man Trennwände mit Reißverschlüssen, und neuerdings experimentiert man sogar in der Chirurgie mit ihnen. Dort setzt man sie ein, um u. a. den Zugang zu implantierten Herzschrittmachern zu beschleunigen und zu vereinfachen. Gelingt dies, und alles sieht danach aus, wird der Reißverschluss noch etwas „leibhaftiger“. Vom „Aufnesteln“ spricht dann niemand mehr, obgleich dieses Wort doch zu den Lieblingsvokabeln von Thomas Mann zählte. „Aufnesteln“, das klingt umständlich, und für Umständlichkeiten fehlt heute die Zeit und die dafür notwendige Behutsamkeit. Wer feinfühlig und schonend mit Gegenständen und Kleidungsstücken umgeht, wer sich beim Öffnen und Schließen Zeit nimmt, muss heute gegen den Verdacht ankämpfen, schlechtes Zeitmanagement zu betreiben.

Für eine immerzu geradeaus blickende, haken- und knopflose Fortschrittsgesellschaft ist der Reißverschluss eine konsequente Erfindung. Alles, fast alles, lässt sich mit seiner Hilfe durch einen einzigen Zug erledigen. Das Getrennte kann rasch miteinander verbunden und das Verschlossene ebenso schnell wieder in seine Einzelteile zerlegt werden: „ritsch-ratsch“. Da konnte es nicht ausbleiben, dass sich sogar im Straßenverkehr das „Reißverschlussverfahren" als eine Beschleunigungstechnik einbürgerte. Zumindest, so verspricht der ADAC, lässt sich lästiges Warten damit verkürzen. Perfekt scheint das aber nicht zu gelingen. Sicher ist nur, dass man dank Reißverschlusstechnik heutzutage schneller warten kann. Ein Fortschritt, der zu denken gibt.

P. S.: Das „kleine mit Metallzwecken besetzte Lederding", also jenes Kleidungsakzidens, das wir Reißverschluss nennen, war Kurt Tucholsky eine Satire wert. Deren Lektüre ist all jenen zu empfehlen, für die der Reißverschluss zu den selbstverständlichen Annehmlichkeiten des gehetzten Alltags zählt und die sich in den selten gewordenen ruhigen Stunden ihres Lebens fragen, wie der so einfach daherkommende Mechanismus eigentlich funktioniert.

Nur ein „Ratsch"

Der Klettverschluss

„Geht das nicht doch noch etwas schneller?" Das ist jene Frage, die die Hersteller von Verschlusssystemen, selbst nach dem grandiosen Erfolg des Reißverschlusses, nicht mehr loslässt. Wie kann man zwei Teile noch rascher miteinander verbinden und sie ebenso schnell, oder vielleicht sogar noch schneller, auch wieder trennen?

Die Nachfrage nach Verfahren und Techniken, die die alltäglichen Verrichtungen der Menschen zu beschleunigen versprechen, ist weiterhin ungebrochen. Alles, was mehr Schnelligkeit garantiert, größere Zeitersparnis erwarten lässt und das Leben vereinfacht, hat, ökonomischem Jargon folgend, gewinnträchtiges Marktpotenzial. So konnte es schließlich nicht ausbleiben, dass der fixe Reißverschluss eines Tages von einer noch schnelleren Technik überholt wurde. Der Klettverschluss nämlich verspricht die Prozeduren des Öffnens und des Verschließens noch rascher, noch fixer zu erledigen. Er ist es, der die sensiblen Zeiten der sinnlichen Verzögerung und Verlangsamung, wie sie Giacomo Casanova in seinen Memoiren so anschaulich beschreibt, endgültig zu Antiquitäten macht.

Casanovas Nachfolger nehmen sich bei ihren Liebesabenteuern längst nicht mehr so viel Zeit wie dieser bei seinen ausschweifenden Affären. Die beim Liebesspiel „hinderlichen" Kleidungsstücke öffnet man heutzutage mit einem eiligen „Ratsch". Ein schneller Handgriff, und schon hat man das Ziel erreicht. Der Klettverschluss macht's möglich – anderes deshalb auch unmöglich. Er sorgt dafür, dass das zusammenhält, was zusammengehört, und trennt jenes, das nicht zusammenpasst – mit einem „Ratsch".

Vergessen, verschwunden und verloren ist die feinfühlige, nestelnde Umständlichkeit, mit der man sich dem Ersehnten, dem Unbekannten und dem Verbotenen einst annäherte. Sensibles Feingefühl, einfühlsame Handfertigkeit sind nicht mehr länger notwendig, um ans Ziel zu kommen. Der Anlauf zum zeitlosen Akt der Liebe geschieht direkt, geradewegs und ohne erwartungsintensivierendes Zögern und Abwarten. Die Wege sind kürzer, geradliniger, flacher, kurz gesagt: schneller. Sie werden zum Trip auf der Autobahn. So ist es keine Überraschung, dass der Klettverschluss bevorzugt von Rennfahrern, Piloten und Militärs als willkommener „Fortschritt" begrüßt und gefeiert wird. Überall dort, wo sich das Leben auf der Überholspur abspielt, hat der Klettverschluss seine Heimat gefunden. Er nomadisiert durch die Beschleunigungslandschaften einer hektischen Welt.

Dabei ist die Grundidee der Klettverschluss-Technik relativ simpel. Aber auch sie kommt nicht ohne eine Entdeckungslegende aus: Der aus Belgien stammende, in der Schweiz tätige Ingenieur George de Mestral sah sich nach seinen regelmäßigen Spaziergängen in den Wäldern der Umgebung seines Wohnortes immer wieder gezwungen, sowohl das Fell seines Hundes als auch seine Regenjacke von den haften gebliebenen Fruchtköpfen der Klette zu säubern. Inspiriert von seiner technischen Neugier, interessierte er sich bei dieser Gelegenheit für die Haftungseigenschaften der lästigen pflanzlichen Begleiter. Das Ergebnis ist bekannt: 1951 wurde das der Natur abgeschaute Imitat, die Klettverschlusstechnik, von ihrem Erfinder als Patent bei der dafür zuständigen Schweizer Behörde angemeldet. Bereits ein Jahr später vermarktete de Mestral sein revolutionäres Verschlussverfahren unter dem Namen „Velcro" (einer Kombination der französischen Begriffe „Velours" und „crochet").

Inzwischen erfreut sich der Klettverschluss weltweiter Verbreitung und einer nicht minder breiten Anwendung. Nicht nur bei Kleidungsstücken, auch bei Windeln, Blutdruckmessgeräten, bei Knie- und Ellbogenschützern und beim Fixieren von Teppichböden wird er eingesetzt. Er ist überall dort zu finden, wo etwas rasch getrennt und schnell verschlossen werden soll.

Es ist jedoch nicht anzunehmen, dass mit dem Klettverschluss die Beschleunigungsgeschichte der Verschlussverfahren ihr schnelles Ende gefunden hätte. Das, was wir „Fortschritt" nennen, wird auch in Zukunft in allererster Linie am Kriterium der Beschleunigung beurteilt. Die tempomachenden Techniken sind in der auf Wachstum durch Beschleunigung ausgerichteten Wirtschaft nur vorübergehende Stationen auf der Schnellstraße in eine noch raschere Zukunft. Ratsch – und diese Zukunft ist da.

Alles Espresso

„Brüh im Lichte dieses Glanzes"

„Komm, lass uns schnell 'nen Espresso bei Toni trinken" –, und schon ist man auf dem Sprung in die nächstgelegene Espressobar. Da stehen sie bereits, die sportlich gekleideten Zeitgeistsurfer, die coolen Akzelerationsdynamiker, die Zeitverdichter und Flexibilitätsheroen. Lässig lehnen sie am Tresen, während ihr Small Talk vom Blubbern und Fauchen der Milch aufschäumenden „Macchina" begleitet wird. Sie kämpfen gegen ihren Sekunden-Burn-out an und hoffen, mit 25 Milliliter Kaffee-Extrakt schnell wieder auf Trab zu kommen.

Die Welt wird schneller und schneller, die Pausen und der Kaffeegenuss kurz und kürzer, jedoch konzentrierter. In den Arealen der globalisierten Mobilität, dort, wo's um raschen Informationstransport und noch fixere Geschäfte geht, findet man neuerdings, auch außerhalb Italiens, an jeder Ecke eine durchgestylte Espressobar. Dort, wo das Leben zwischen Warteschleife und Hochgeschwindigkeit oszilliert, an Bahnhöfen, Flugplätzen, in Einkaufszentren, kann man ihr nur mehr selten entkommen.

In Mailand, der italienischen Metropole des raschen Geldes und des schnellen und teuren Konsums, ist das Kultgetränk „Espresso" in weit über 1000 Etablissements zu haben. Der „caffè" zählt dort schon seit längerer Zeit zur Alltagskultur des Beiläufigen. Relativ schnell, möglichst in zehn Sekunden, muss er getrunken werden, serviert in einer nicht allzu feinwandigen Tasse, damit er nicht erkaltet. 83 Millionen Espressi gönnen sich die Italiener täglich. Deutsche sind dem Hochgeschwindigkeitsgetränk[2] noch nicht in gleichem Umfang verfallen, bemühen sich jedoch neuerdings, es mit den Italienern aufzunehmen. Steigende Umsatzzahlen belegen, dass die Menschen auch

---

2 Das Wort „Espresso" leitet sich von dem Sachverhalt ab, dass der „caffè" ausdrücklich (= espressivo) für eine einzige Tasse hergestellt wird. (Auch der Expressbrief wird ja ausdrücklich zugestellt.) „Per espresso" bedeutet aber auch „Schnelldienst". Beide Bedeutungen machen die Attraktivität des wohlschmeckenden Getränks aus.

nördlich der Alpen den Espresso zu schätzen gelernt haben. Nur wenige vergleichbare Küchengeräte können derzeit mit einer so hohen Wachstumsrate glänzen wie hochpreisige Espressomaschinen. Selten findet man heute noch ein Büro, in dem die Rationalisierungswelle den traditionellen Filterkaffee nicht durch den ungleich schneller herstellbaren Espresso ersetzt hätte. Auch die modernisierten Ausstattungen von Betriebskantinen und „Teeküchen" bestätigen diesen Trend eindrücklich. Der Espresso gilt als ideales Zwischendurchgetränk.

Seine treuesten Anhänger findet er bei denjenigen, die immerzu „auf dem Sprung" sind, die die Mittagspause an ihrem Mobiltelefon verbringen oder mal kurz was besprechen müssen. Für sie ist er ein Stärkungsmittel zwischen Warming up und Cooling down, zwischen Workout und Happy Hour. Es sind die Übergänge von einer Aktivität zur anderen, die heute gern rituell mit dem „kleinen Braunen" zeitlich und geschmacklich markiert werden.

Mal im Stehen, häufig im Vorbeigehen, selten sitzend. Als Passagengetränk hat der Espresso die Rolle traditioneller, zeitintensiver Übergangsaktivitäten übernommen. Sein flüchtiger Konsum, sein Take-away-Spirit, korrespondiert problemlos mit dem flexibilisierten, hektischen Arbeitsstil, den die vielen Multifunktionsgeräte, die PCs, die Laptops und die verschiedenen Kommunikations- und Steuerungsanlagen von ihrem Bedienungspersonal verlangen. Man trinkt ihn während der Arbeit, ebenso auf dem Weg zu ihr und auf dem zurück. Noch das schnellste Essen endet heutzutage mit der Frage: „Wie wär's mit einem Espresso?"

Der wohlschmeckende Schnellkaffee ist das passende Getränk fürs beschleunigte Lebensgefühl, und er ist ein wichtiger Teil von ihm. Der flüchtige Small Talk, der überflüssige Anruf, ein rascher Halt an der Autobahnraststätte, alles dies erledigt man nur allzu gerne in Begleitung eines „kleinen Braunen". Die Zeit ist knapp – der Kaffeegenuss auch. Im Espresso hat die Unterwegsgesellschaft das zu ihr passende schnelle Getränk gefunden. Er ist der trinkbare Trost aller Hektiker. Schnelle

Zeiten – aber bitte mit einer schönen Crema: „Brüh im Lichte dieses Glanzes."

Ist der Espresso eine Errungenschaft der zeitsparenden und zeitverdichtenden Erlebnisgesellschaft, so ist die Erfindung der Espressomaschine bereits früher anzusiedeln. Sie ist ein Kind des Industriezeitalters. Zumindest betrifft dies ihr Funktionsprinzip. Es ist nämlich der einstmals Eisenbahnen und Ozeanlinern zu schneller Fahrt verhelfende Dampf, der auch der 1903 in Italien aufgetauchten „Macchina" als Energiequelle diente. Kontinuierliche Verbesserungsprozesse machten die Espressomaschinen schließlich seitdem immer kleiner, funktioneller und handhabbarer.

In jüngster Zeit werden wir Zeugen eines weiteren zeitsparenden Rationalisierungsschrittes. Findige Marketingstrategen und Produktentwickler ließen sich sogenannte „Servings" einfallen. Sie erlauben es, den gemahlenen Espressokaffee gebrauchsfertig und in portionierter Form, vergleichbar einer Tablette, zu liefern. Diese Innovation vereinfacht das Zubereitungsprocedere in mehrfacher Hinsicht. Minimiert wird die Zeit der Vorbereitung, aber auch der Reinigungsaufwand der Espressomaschine. Das attraktivste Versprechen aber besteht im schnelleren Herstellungstempo. Die „Servings" kommen somit den Beschleunigungserwartungen aller modernisierungsbereiten Personen entgegen. Mit der portionierten Espressotablette nähert sich der Zeitaufwand des Herstellungsprozesses dem jenes Erfolgsproduktes an, das 1938 die Kaffeekultur revolutionierte, dem löslichen Instant-Kaffee.

Das weltweit als „Nescafé" berühmt gewordene Getränk hatte einige Vorläufer, in erster Linie in den USA, aber erst der Schweizer Firma „Nestlé" gelang es kurz vor Ausbruch des Zweiten Weltkrieges, ein Verfahren zu entwickeln, die Aromen des gemahlenen Kaffees (durch Zugabe von dosierten Kohlehydraten) zu bewahren. Von Beginn an war das Marketing des Nescafé-Herstellers auf Beschleunigungsversprechen hin ausgerichtet. Die Werbestrategen der Firma Nestlé nutzten dafür den kriegerischen Zeitgeist im Vorfeld des Zweiten Weltkrieges.

Mit den Slogans „Fortschritt“ und „Schnelligkeit“, dem Bild eines Flugzeuges und der Attraktionsformel „Blitz-Kaffee“ trafen sie jenes Zeitgefühl, das kurze Zeit später zur leidvollen Realität des „Blitz-Krieges“ führte.

Wie bei anderen Beschleunigungsinnovationen übernahm auch beim Nescafé der Krieg die Funktion des Steigbügelhalters für den späteren Umsatzerfolg. Zuerst tauchte Nescafé in den Notrationen amerikanischer Armeeangehöriger auf. Die US-Truppen waren es schließlich auch, die die Zivilbevölkerung mit dem pulverisierten Kaffee in den von ihnen besetzten Teilen Europas bekannt machten. Im Mitteleuropa der Nachkriegszeit zählte der Nescafé zu den begehrtesten Luxusgütern eines rationierten Konsumangebotes. Heute werden weltweit in jeder Sekunde 3900 Tassen Pulverkaffee getrunken. Der Grund liegt auf der Hand: weil es die Welt und ihre Bewohner so eilig haben.

In erster Linie ist es das Zeitspar-Potenzial, das sowohl dem löslichen Kaffeepulver als auch der Espressotablette ihre Prominenz und ihre Verbreitung garantieren. Vieles von dem, was wir heute „Flexibilität“ nennen und mit optimistischen Erwartungen und Assoziationen ausstatten, basiert auf dem Instant-Prinzip. „Alles, jederzeit und sofort“, lautet die Maxime des postmodernen Lebens. Sie findet dort ihre Anwendung, wo Abläufe, Geschehnisse und Erfahrungen versofortigt werden. Diesem „Fortschritt“ haben wir nicht nur den Nescafé und den portionierten Espresso, sondern auch die Tiefkühlpizza, die Fernbedienung, das Mobil-Telefon, das Internet und vieles andere mehr zu verdanken. Der sofortige Zugriff auf Gegenstände, Geräte, Programme, Erlebnisse, aber auch auf Menschen und deren Arbeitsleistung, wird heute von einer Mehrheit der Bevölkerung als eine neue Qualität der Zeitfreiheit begrüßt.

Der rasche Snack, der noch schnellere Kaffee und das flüchtige Gespräch, sie alle benötigen eine geeignete Möblierung ihrer Umwelt. Zeiterfahrungen des Verweilens, wie sie die traditionellen Kaffeehäuser erlaubten und kultivierten, werden in den Hochgeschwindigkeitsarealen der Produktion und des Konsums für geschäftsschädigend gehalten. Das derzeit profitable Kundenkonzept richtet sich auf die „unbemerkte Erziehung zum Minutenkaffee". Alles Espresso. Davon weit entfernt ist das traditionelle Kaffeehaus, das dem entdichteten Zeitvertreib und der „Zeitlosigkeit auf Zeit" verpflichtet war. Wer es sucht, kann es ab und zu noch finden. Das Durchschnittsalter der dort anwesenden, schwatzenden und zeitungslesenden Kaffeetrinker erreicht jedoch meist die Verrentungsgrenze, während in den Kaffee- und Espressobars die unter 30-jährigen Karrieristen dominieren.

Mit dem Siegeszug des Coffee-to-go verschwinden auch die Kaffeehaustraditionen des 19. und 20. Jahrhunderts. Bereits seit längerer Zeit werden beim Kaffee keine Revolutionen mehr geplant, selten nur mehr Versammlungen abgehalten und nur noch in einigen wenigen glücklichen Fällen werden dort folgenreiche Liebesabenteuer angebahnt. Das, was einstmals „Geselligkeit" hieß (ein Begriff, dessen Sinngehalt Jugendlichen heute umständlich erklärt werden muss), hat sich, wenn überhaupt noch existent, an die Seniorenstammtische in ländlichen Wirtshäusern zurückgezogen. Geschäfte werden ab und zu noch bei einer Tasse Kaffee angebahnt und vielleicht sogar abgeschlossen, meist aber handelt es sich dabei nur um eilige. Wenn's um diskrete, manchmal vielleicht auch um indiskrete Informationen geht, die man bevorzugt einst bei Kaffee und Kuchen mit Kollegen und Bekannten austauschte, dann tut man das heute weniger genussvoll am Telefon.

Die ehemals in den Nischen und Nebenzimmern der Kaffeehäuser anzutreffenden Schachspieler, die Genießer mehr oder weniger edler Zigarren, die männlichen und manchmal auch weiblichen Kartenspieler, sie alle müssen sich heute neue Orte für ihre Leidenschaften suchen, nicht nur wegen des unerbittlich um sich greifenden Rauchverbotes. Wurden Kaffeehäuser ehemals argwöhnisch von der Polizei observiert, da sie sich als Brutstätten der Bohemiens verdächtig machten, so bleiben sie heute weitgehend unbeobachtet. Es gibt ja auch wenig Harmloseres als eine Espressobar, die von den gehetzten Teilnehmern der Erfolgsrallye eines Arbeitsalltags kurz mal zu einem Boxenstopp angesteuert wird.

Das bürgerliche Kaffeehaus hat seine lebensweltlich wichtige Funktion heute weitgehend verloren. Trotzdem, besser deswegen, ein nostalgischer Blick auf das, was anders wurde: Am 17. Oktober 1775 schrieb GEORG CHRISTOPH LICHTENBERG aus London: „Meinem Versprechen gemäß fahre ich in meinem Briefe fort und genieße dabei mein Frühstück in einem Kaffeehause, wo ich vergangene Nacht geschlafen habe."

Der Hochgeschwindigkeitskaffee, ob Espresso oder Nescafé, war LICHTENBERG noch unbekannt. Er nahm seinen „Türkentrank" weder hastig noch stehend ein, begrenzte seinen Aufenthalt im Kaffeehaus nicht nur auf einen kurzen Augenblick, wusste nichts von einem Coffee-to-go und er versprach sich auch sonst im Leben nicht allzu viel vom Zeitgewinn. Ebenso JOHANN SEBASTIAN BACH, der in Leipzig zweimal wöchentlich das Kaffeehaus aufsuchte und dabei zu einem Lobgesang auf diese Institution animiert wurde. Dort fand konsequenterweise auch die Uraufführung seiner Kaffeekantate statt:

Ei! Wie schmeckt der Coffee süße,
Lieblicher als tausend Küsse,
Milder als Muskatenwein.

War der Kaffee einstmals geschmackvoller Begleiter eines Aufenthalts in einer Oase der Zeit, so ist er heute das Passagengetränk des hastigen Alltags. Alles, und nicht nur der Kaffee, ist jetzt espresso.

Der prickelnde Zeitgeist aus der Flasche

Prosecco

Einstmals war Zeus – so zumindest ist es überliefert – auf den Götterkollegen Dionysos richtig sauer. Obgleich er angeordnet hatte, die rauschhaften Freuden des Weines ausschließlich für die Göttergemeinschaft zu reservieren, hatte Dionysos den Weinstock auf die Erde geschmuggelt.

Mit Sicherheit hätte Dionysos (den die Römer „Bacchus" nannten) den Zoff mit dem Göttervater vermieden und sich seiner Anordnung gefügt, wenn er nur in Ansätzen geahnt hätte, was die Menschen aus seinem Geschenk schließlich machen würden. Er hatte den Weinstock aus Mitleid weitergegeben, da ihm die von der Last der Zeit und der Bedrohung ihrer Endlichkeit immerzu bedrückten Menschen leid taten. Mithilfe des gegorenen Rebensaftes sollten sie zumindest für einige wenige berauschte Augenblicke ihr trauriges Schicksal vergessen können, um an jenem „kost-baren" Rendezvous von Zeit und Zeitlosigkeit teilzunehmen, das der (gute) Wein zu garantieren vermag.

Eine große Anzahl der heute produzierten Weine hätte Dionysos jedoch davon abgehalten, mit seinem Übervater Zeus den großen Krach zu riskieren. Der Prosecco gehört dazu. Obgleich wir die Lieblingsweine der griechischen Götterwelt nicht kennen, so spricht doch alles dafür, dass es der Schaumwein aus dem Veneto nicht geschafft hätte, einen wichtigen Beitrag zu den rauschhaften Festen auf dem Olymp zu leisten. Kein anderer Wein hat sich dem Zeitgeist so umfangreich ausgeliefert wie der Prosecco. Bereits aus diesem Grund hätten ihn die zeitlosen und zeitgeistfernen Götter verschmäht. Den Prosecco präferieren nämlich die Hurtigen, die Flexiblen, die Fixen, die Dringlichkeitsdynamiker der Postmoderne. Sie haben nicht alle Zeit der Welt wie die Götter, sie haben immer zu wenig davon, auch zu wenig, um Wein wirklich zu genießen. Sie fliehen allen beschaulichen Momenten, allem Zurruhekommen und hierdurch den Voraussetzungen allen zeitvergessenen Weingenusses. Sie brauchen Bewegung, Ablenkungen und vielfältige Aktivität. Ein Glas Prosecco ist für sie ein kurzer Zwischenstopp – mehr nicht. Es ist Teil der schnellen Welt, nicht das „andere“ dieser Welt, die Perfektionierung des „To-go-Prinzips“.

Seinen Erstwohnsitz hat der Prosecco am Stehtisch, seine bevorzugte Zeit ist die der „Happy Hour“. Flüchtige Zwiegespräche, rasch wechselnde Gesprächspartner, garniert mit mehr oder weniger abgestandenen „Häppchen“, das ist die Umgebung, in der sich der Prosecco wohlfühlt. Die Ciao-Bussi-und-Mach's-gut-Gesellschaft liebt ihn – genießen jedoch kann sie ihn kaum. Dazu fehlt ihr die Zeit.

Die aber benötigt man zum Genuss und zur beglückenden Erfahrung jener Zeitqualitäten, die sich im guten Wein verstecken. Nicht im Prosecco, aber in so manchem Bordeaux, in vielen Burgundern, den Barolos und in guten Riojas. Mit ihnen lassen sich die Zwischenräume, die Falten des eiligen Alltags stil- und geschmackvoll kultivieren. Ein Schluck, ein zweiter, und man vergisst die Zeit und blickt, zumindest für einen kurzen Augenblick, durch die Hintertür ins Paradies. Auf das alles muss man beim Prosecco verzichten. Er hilft den aufdringlichen Go-together-People, die Warteschleifen des Alltags durchzustehen, um sich so problemloser in die pausenlose Hetze ihrer Nonstop-Umgebung integrieren zu können. Der Prosecco ist das Lieblingsgetränk der Gelangweilten und der Ungeduldigen, der selbstgefälligen Hyperaktiven und der Stresstrinker, all derer, die von der Angst umgetrieben werden, etwas zu versäumen.

Nur allzu bereitwillig haben sich die Marketingbeauftragten der Prosecco-Produzenten auf die Besucher steriler Stehlandschaften eingelassen. Sie bieten ihr Produkt bevorzugt als prickelnden Begleiter für den kurzen, den flüchtigen und den oberflächlichen Augenblick an. Folgt man den Werbeaufforderungen, so kann man den Prosecco eigentlich nur im Stehen trinken, bei möglichst flacher Unterhaltung. Er eignet sich, dies zumindest suggerieren die Hochglanzbilder in den Trendjournalen, als ideales Begleitgetränk bei postmodernen Balzritualen. Mit bunten Etiketten, mit dem modischen Firlefanz blau eingefärbter Flaschen und den verwirrenden Zumutungen exotischer Flaschenformen versucht der Weinhandel eine zeitgeistnahe Perlwein-Szene zu etablieren. Prosecco trinkt man nicht, um ihn sich schmecken zu lassen, Prosecco trinkt man, um gesehen zu werden, um dazuzugehören und sich zu informieren, wer alles noch dazugehört.

Man würde dem gegenwärtigen Star des Bläschen-Weins jedoch Unrecht tun, wenn man in ihm ausschließlich das erfolgreiche Marketing-Produkt für eine umtriebige Vernissagen- und Happy-Hour-Kultur sähe. Lange vor der Erfindung des Stehtisches, vor der Prosecco-Kultur, der flüchtigen Partygespräche und der aufdringlichen Come-together-Rituale wurde er bereits konsumiert. Die Bezeichnung „Prosecco“ stammt von einer seit mehr als 100 Jahren angebauten Weißweinrebe, die in Venetiens Norden (in der Provinz Treviso) kultiviert wird. Geschätzt wurde er lange als ein erfrischender, ländlicher Wein. Sein Konsum war weitgehend auf seine Anbauregion begrenzt. Als Perlwein (Vino frizzante) wurde er in den Lokalen der Gegend angeboten. Man trank ihn bevorzugt an Ort und Stelle, nicht zuletzt auch deshalb, da seine geringe Transportfähigkeit meist nur die Wegstrecke zwischen Keller und Gaststube zuließ. Seine Mobilität war ehemals genauso begrenzt wie die seiner Liebhaber.

Erst als es schließlich vor wenigen Jahrzehnten technisch möglich wurde, durch die Zweitgärung im Drucktank den Prosecco frizzante mit einem höheren Kohlensäureanteil auszustatten, gelang es, ihn in die staatlich normierte Kategorie der Sektgetränke aufzunehmen. Eine entscheidende Bedingung für seine Karriere. Die Voraussetzungen für seine Popularität liegen also im Einsatz moderner önologischer Technologien. Insbesondere betrifft dies die zeitsparende, jederzeit kontrollierbare und unterbrechbare Methode der Tankgärung sowie die längere Lagerfähigkeit und die Möglichkeiten des weit über die Anbauregion hinaus reichenden Transports.

Mitte der achtziger Jahre entwickelte sich der Prosecco in Italien zum Modegetränk. Kurze Zeit später dann auch im nördlichen Ausland. Für die Deutschen ist er ein Synonym für südliche Sonne, italienische Leichtigkeit und prickelnde Lebenslust. Den auf Expansion ausgerichteten Marketingabteilungen der Weinwirtschaft kam darüber hinaus die doppelte Assoziationskraft des Namens „Prosecco“ gelegen. Zum einen bedient man sich nur allzu bereitwillig des positiv besetzten Bedeutungsakzents „pro“ und zum anderen nutzt man das Assoziationspotenzial des „secco“. So vermutet man im Prosecco einen trockenen Wein – was bei den Produkten aus dem Veneto jedoch nur selten wirklich der Fall ist. Die 40 Millionen Flaschen, die die Deutschen inzwischen jährlich trinken, bestätigen den wirtschaftlichen Erfolg der umfangreichen Attraktivitätskampagne. Der Shootingstar der Weinwirtschaft ist inzwischen in jedem Billigladen, sogar in Baumärkten und an Zeitungskiosken zu haben. Und was den Preis angeht, so braucht heute niemand mehr, wie früher noch, auf den Konsum von prickelnden Alkoholgetränken zu verzichten. Der Prosecco macht’s möglich.

Sein schneller Erfolg korrespondiert jedoch mit dem hohen Tempo, in dem er an Aroma und Frische einbüßt. Mehr als ein halbes Jahr sollte man ihn, legt man Wert auf ein Minimum an geschmacklicher Prägnanz, nicht lagern. Andererseits war es überhaupt nur durch die „Errungenschaften der Beschleunigung“ möglich, den Schaumwein vom Image des teuren Luxusgetränks zu befreien und ihn zum relativ billigen Alltagsgetränk zu machen. Der Prosecco hat den Champagner demokratisiert. Wer sich für ihn entscheidet, muss sich nicht mehr festlich, nicht mehr elegant anziehen, er benötigt für den Konsum auch keine repräsentative Umgebung und auch kein edles Kristall als Trinkgefäß. Auch ein dem Alltag enthobener Anlass ist, wie beim Champagnergenuss, nicht die notwendige Voraussetzung, um guten Gewissens die eine oder andere Flasche zu öffnen. Er ist inzwischen ein Alltagsgetränk geworden. Er ergänzt die Italo-Freuden von Pasta und Pesto, Antipasti und Espresso und verleiht ihnen die erwünschte prickelnde Note. Er ist, so die Werbelyrik, das Lieblingsgetränk für ein „jüngeres, jung gebliebenes und modernes Publikum, das sich dem rasanten Rhythmus der heutigen Zeit unterwirft“.

Wer jedoch anstrebt, sich vom Zeitdruck des Alltags für einige Augenblicke zu lösen, sollte sich eher mit guten Freunden und ebenso guten Freundinnen in einer Weinstube oder auch in einer fernsehfreien Ecke eines Wohnraumes niederlassen und dabei die eine oder andere Flasche eines zeitgesättigten Rotweins öffnen. Wenn überhaupt, dann findet man nur in solchen Augenblicken Anschluss an die abendländische Kultur, die ohne den Wein nicht vorstellbar wäre. Mit Prosecco gelingt das nicht. Er spielt in der Kulturgeschichte des Weines eine zu vernachlässigende Statistenrolle. Selbst diese besetzt er auch nur in einem Stück, das mit hoher Wahrscheinlichkeit nach kurzer Spielzeit durch ein anderes ersetzt werden wird. Sein Schicksal unterscheidet sich nicht von dem der aufdringlichen Fernsehprominenz, die für kurze Zeit weltberühmt ist, es zumindest zu sein wünscht, aber doch nur, um rasch wieder in der Versenkung jener abgelegten modischen Trends zu versinken, aus der sie hervorkroch. Der Prosecco ist nicht viel mehr als eine Art trinkbares Clubsandwich.

Alle Weine speichern ihre je eigene, ihre besondere Zeit. Man kann diese Zeit schmecken. Das gilt für Spitzenweine ebenso wie für den Prosecco und zig weitere Produkte. Letztlich sind es diese unterschiedlichen Zeiten, die den Geschmack des Weines ausmachen. Im guten Wein schmeckt man die Zeit des Jahrgangs, die Zeit der Lagerung, die Zeit der Reife. Beim Prosecco schmeckt man, dass er „gemacht“ ist. Im Wein, eine Erkenntnis, die nicht ganz kostenlos zu haben ist, liegt die Wahrheit, im Prosecco findet man nur oberflächliche Flüchtigkeit. In ihm begegnet man dem Prinzip des Return-of-Investment in verflüssigter Form. Daher auch ist er weit entfernt von jenen Mysterien der Weinwerdung, die den Griechen ehemals ein willkommener Anlass für ausschweifende Feierlichkeiten und kultische Verehrung waren. All die kulturellen Triumphe, die dem Wein in der Geschichte zuteil wurden, bleiben dem Prosecco versagt. Weder als Bestandteil von liturgischen Traditionen kann man ihn sich vorstellen, noch ist er geeignet, zum gleichwertigen Ersatz für sein großes Vorbild, den Champagner, zu werden. Man kann das schmecken, aber auch hören, zumindest beim großen Stapellauf-Knall an den Schiffswänden. Es wird ihm nicht gelingen, wie so manchem Wein vor ihm, zum festen Bestandteil der kulturellen und religiösen Gefühls- und Handlungswelt zu werden. Dazu ist er einfach zu beiläufig.

Der Prosecco ist ein episodisches Getränk. Wo er auftritt, geht es laut und schnell zu. Sein rasches Erscheinen in der Weinwelt verurteilt ihn dazu, auch wieder schnell an Attraktivität und Zuspruch zu verlieren. Was rasch entsteht, auch rasch vergeht. Wir werden es erleben – wahrscheinlich schneller als wir es erwarten.

Die Welt als Wille und Vorstellung

Die Fernbedienung

Ehemals – nur Ältere erinnern sich noch daran – musste man sich, bevor man den Fernseher in Aktion versetzte, entscheiden, welches Programm man sehen wollte. Wurde es einem dabei zu langweilig, war man gezwungen, sich vom mehr oder weniger angenehmen Sitzplatz zu erheben, sich dem Gerät zu nähern, um dort schließlich erneut Druck auszuüben. Das hat zwar Zeit gekostet, hat aber auch den Kreislauf auf Trab gehalten. Zuweilen belastete dieses Procedere allerdings den Familienfrieden, da man, zum Aufstehen zu bequem, eines der Kinder herbeirief, damit es das tat, was man sich selbst ersparen wollte. „Hannes, kannst Du mal bitte am Fernseher auf den zweiten Knopf links oben drücken, das Erste bringt derzeit nichts Gescheites!“

Tempi passati: Heutzutage sucht man an den Fernsehgeräten vergeblich nach irgendwelchen „Druckstellen“. Sie sind abhanden gekommen. Zeit und Aufwand, beide waren für's Umschalten notwendig, braucht man neuerdings genauso wenig wie jenes Quantum an Geduld, das dem Zuschauer ehemals nach dem Einschalten abverlangt wurde, um nach einigen Sekunden „Warmlaufzeit“ schließlich ein Bild zu erhalten. Heute benutzt man die Fernbedienung. Der „Homo zappensis“ hat vor Kurzem die Bühne des Alltags betreten und dort die Immer-alles-überall-und-bitte-sofort-Mentalität beflügelt.

Zuallererst der Fernbedienung ist es zu verdanken, dass das Leben, nicht nur das beim Sehen in die Ferne, inzwischen schneller, einfacher und bequemer wurde. Mit schlichtem Knopfdruck lassen sich immer mehr Apparate, Instrumente und Maschinen über kurze und mittlere Entfernungen steuern, ein- und ausschalten und teilweise sogar programmieren. Täglich wächst ihre Zahl. An der Spitze der Entwicklung liegt derzeit die Unterhaltungselektronik. Darüber hinaus finden „Papas und Mamas little Helper“ ihren Einsatz in erster Linie bei Haushaltsgeräten, beim Öffnen und Schließen von Türen und

Toren sowie bei der Bedienung der Heizung und der Jalousien. Drahtlos gestaltet sich die instrumentelle Umwelt. Für Veränderungen muss nur mehr wenig Kraft aufgewendet werden, und Bewegung ist dazu auch immer seltener notwendig. Annähernd alles ist im Stehen oder im Sitzen zu steuern, und doch ist man in vollem Umfang handlungsfähig. Ohne „Zeitverlust", also sofort, lässt sich all das verändern, was man verändern möchte. Hingegen werden Geräte, die nicht auf ferngesteuerte Befehle reagieren, für unmodern und wenig komfortabel gehalten.

Die überraschend schnelle und breite Akzeptanz der Fernsteuerungstechnik beweist die hohe Attraktivität des postmodernen Beschleunigers. Nur für kurze Zeit, längst ist sie vergangen, wurde die Fernsteuerung beim Kauf eines Gerätes als gesonderter Zusatzservice, der eines finanziellen Sonderaufwandes bedurfte, angeboten. Inzwischen gehört sie zur Standardausrüstung. Ein eigener Fernsteuerungsmarkt für Endverbraucher, getrennt von den Geräten, existiert nicht mehr. Niemand muss eine Fernsteuerung heute gesondert kaufen. Sie wird ungefragt und alternativlos mitgeliefert. So werden jene, die auf die Fernsteuerung verzichten, gezwungen, auf anderes gleich mit zu verzichten.

Eine derartig rasante Erfolgsgeschichte ist nur dadurch zu erklären, dass sich die Käufer durch das Steuerungsgerät die Erweiterung ihrer Freiheitsspielräume und Selbstbestimmungsmöglichkeiten erwarten. Hat man nämlich den „heimlichen Herrscher der Wohnzimmer" erst einmal in der Hand und versteht man sein Funktionsprinzip, dann fühlt man sich auch mächtig, die vielen kleinen Geschichten und Geschehnisse des Alltags in souveräner Art und Weise zu beeinflussen. Deshalb auch trifft die Charakterisierung der Fernbedienung als dem „Zepter der Postmoderne" den Kern. „Mit der Fernbedienung in der Hand", so der ungarische Kulturwissenschaftler Jószef Tillmann, „kann sich jeder Mensch auf dem Gipfel seiner Macht fühlen. Auf ein Winken seines elektronischen Zepters können Welten vergehen und wieder auferstehen." Die Fernbedienung transportiert das Befehls- und Gehorsamsprinzip vom

Kasernenhof in die Wohnzimmer und suggeriert die Idee der unbegrenzten Entscheidungsfreiheit. Sie zaubert Bilder, Töne, Zustände, Gegenstände und manchmal auch Menschen in Windeseile herbei. Sie ist Magie pur.

Der Prototyp des Dringlichkeitsdynamikers, der Herr Doktor Faustus, hätte sich nichts lieber gewünscht als den Besitz eines solchen Instrumentes. Was wollte er nicht alles schnell und sofort: Liebe, Erkenntnisse, Geld, Pretiosen und zu all dem auch noch die notwendige Dosis Metaphysik. Bei der Befriedigung seiner Sucht nach umgehender Wunscherfüllung musste GOETHE jedoch noch den Teufel mit der Rolle der damals unbekannten Fernbedienung beauftragen. Mephisto muss heute nicht mehr persönlich als Beschleuniger und als Versofortiger vorbeikommen. Er versteckt sich neuerdings im elektronischen Detail. Faust bräuchte daher heutzutage nur noch auf einige Knöpfe zu drücken, und schon hätte er all das, was er sich erwünscht, erhofft und erwartet. Seltsam allerdings, dass er sich so etwas gar nicht gewünscht hatte. Vielleicht, weil er sich dann nicht als Herr der Zeit, sondern nur als Knecht der Fernsteuerung hätte fühlen müssen. Der Teufel aber – zumal der Zeitteufel – lauert überall in variabler Verkleidung. Nicht selten auch steckt er in der Fernsteuerung.

> *„Seien Sie nicht überrascht", sagte sie mit einem trockenen Lächeln. Sie verschluckte ein Gähnen und fuhr fort: „Tatsächlich bin ich der Teufel." Der schüchterne, naive Erwin nahm dies als bloße Redewendung, doch die Dame fuhr mit gesenkter Stimme fort: „Wer mich mit Hörnern und einem dicken Schwanz vor sich sehen will, irrt sich sehr. Nur ein einziges Mal bin ich in dieser Gestalt erschienen, und ich weiß wirklich nicht, weshalb das so ein verdammter Erfolg war …" (V. NABOKOV)*

Das ferngesteuerte Freiheitsversprechen, beliebig über Zeit und Raum verfügen zu können, bleibt letztlich unerfüllbar. Die Praxis beweist es täglich, Freiheit ist keine Errungenschaft, die sich per Fernsteuerung heranzappen ließe. Auch die allseits erhoffte größere Unabhängigkeit von fremdbestimmten Zeitvorgaben findet in der Realität des Fernsteuerungsalltags nur selten ihre substanzielle Erfüllung. Die zepterschwingenden Switcher und Zapper dieser Welt machen den Eindruck, gehetzter und gestresster zu sein als jene, die ihre Wege zu Fuß und nicht mittels elektronischer Signale zurücklegen. Auch die ehemals zu Hilfsdiensten genötigten Kinder werden vom Erfolg der Fernsteuerung nicht wirklich entlastet. Zwar werden sie heute nur noch in Ausnahmefällen für den Programmwechsel benötigt, dafür aber mit der vorwurfsvollen Frage konfrontiert: „Wo hast Du denn die Fernsteuerung hingelegt?" Die Zeit, die man glaubt durchs elektronische Zepter sparen zu können, die benötigt man schließlich, häufig sogar noch etwas mehr, um unter den vagabundierenden Fernsteuerungen die jeweils passende zu suchen und im Glücksfall auch zu finden. Zumindest von solchen Stresprojekten war man zu fernsteuerungsfreien Zeiten entlastet.

Wie nun kam es zu dieser neuen Leichtigkeit des Um-, Ein- und Ausschaltens? Es ist das alte Lied: Die ersten Geräte, die aus der Ferne gesteuert werden konnten, wurden im Rahmen von Kriegshandlungen eingesetzt. Die deutsche Marine nutzte die Fernsteuerung im Zweiten Weltkrieg, um mit unbemannten Motorbooten feindliche Kriegsschiffe anzugreifen. Die Militärtechnologen der US-Amerikaner experimentierten in erster Linie damit, um Bomben zielgenau zu platzieren. Später dann, nach dem kriegerischen Einsatz, bemühte sich die zivile Wirtschaft in den USA, die Distanz-Technik der Steuerung auch für den Einsatz in Einzelhaushalten nutzbar zu machen. Ende der vierziger Jahre gelang es schließlich, Garagentüren erstmalig ferngesteuert zu öffnen; und zu Beginn der fünfziger Jahre wurden die ersten Fernsteuerungen beim televisionären Empfang eingesetzt. Die Herstellerfirma „Zenith" gab ihrer Innovation damals den amüsanten, jedoch nicht unbedingt umsatzförderlichen Namen „Lazy Bones" (deutsch: „Faulpelz").

1955 gelang die erste drahtlose Steuerung aus der Ferne mittels Lichtsignalen, und 1956 entwickelte der in die Vereinigten

Staaten emigrierte Österreicher Robert Adler jene ultraschnelle Fernbedienung, die sich bis in die achtziger Jahre über neun Millionen Mal verkaufte. Zu diesem Zeitpunkt war ein fernsteuerbares TV-Gerät um ein Drittel teurer als eines ohne diese bequeme Bedienungsmöglichkeit. Als schließlich Mitte der Achtziger, es war auch die Zeit, als die Programmalternativen des Fernsehens erweitert wurden, die Infrarotsteuerung in den Handel kam, gingen Fernseher und Fernsteuerung ihr bis heute inniges symbiotisches Verhältnis ein. Der Zauberstab gehörte von da an zur Standardausrüstung. Er wurde beim Kauf eines Apparates ohne Aufpreis mitgeliefert. Heutzutage sind 99 Prozent aller im Handel erhältlichen TV-Geräte vom Sessel aus regulierbar. Für die ungeduldigen Simultanten dieser Welt ist das eine Selbstverständlichkeit. Nicht die Fernsteuerung macht sie nervös, sondern ihr Fehlen.

Das Prinzip „Fernsteuerung" hat sich still und heimlich flächendeckend durchgesetzt, und das nicht nur beim Glotzen in die Ferne. Auch bei den sonstigen Angeboten der Unterhaltungselektronik, bei DVD-Geräten, Videorecordern und CD-Playern, ist es inzwischen selbstverständlich. Darüber hinaus findet die Technik des elektronischen Befehls inzwischen nicht mehr nur am Garagentor und bei den Autotüren ihre Anwendung, sondern auch dort, wo es darum geht, das künstliche Licht ein- und auszuschalten, die Zimmertemperatur zu regeln, den Herd zu bedienen oder irgendeines der vielen Kinderspielzeuge, aber auch die „Machtspielzeuge" der erwachsenen Männer in Bewegung zu setzen. So ist es denn keine Überraschung, wenn die Statistiker zur Kenntnis geben, dass gegenwärtig etwa 120 Millionen Steuergeräte in deutschen Haushalten vagabundieren (bei ca. 80 Millionen Einwohnern!). Das aber scheint noch lange nicht der Höhepunkt einer stürmisch verlaufenden Entwicklung zu sein.

Vielmehr steht uns demnächst die universelle Fernsteuerung bevor. Experten versprechen, ungebeten aber lauthals, vollmundig und hoffnungsfroh, dass in nicht allzu ferner Zukunft überhaupt nichts mehr fern sein wird, und dass wir mit einem einzigen Fingerdruck alles Nicht-Menschliche und Nicht-Natürliche regulieren und bedienen werden können. Das zeitsparende, handliche Objekt der Begierde wird dann mit mehr als 50 Knöpfen ausgestattet sein und von einer Superfernsteuerung selbst wieder ferngesteuert werden können. Um dieses Gerät dann auch umfassend und adäquat einsetzen zu können, benötigen die Nutzer jedoch etwas mehr Zeit als zuvor, nicht zuletzt, weil die Bedienungsanleitung 50 Seiten hat und die Erklärungen ausschließlich in englischer Sprache abgefasst sind. Damit man die einschlägigen Fachworte auch versteht, bucht man besser gleich einen Kursus bei der regionalen Volkshochschule, selbstverständlich mit anschließendem Aufbauprogramm. Ist der Lernprozess schließlich nach einiger Zeit erfolgreich abgeschlossen, steht einer umfassenden, subjektzentrierten Flexibilisierung der instrumentellen Umwelt per Knopfdruck nichts mehr im Wege. Dann endlich kann und darf man sich mit einigen guten Gründen frei, souverän und rundum mobil fühlen.

Wahrscheinlich ist jedoch, dass dieses Paradiesprogramm die Gefahr heraufbeschwört, die ferngesteuerte Bequemlichkeit, die Versofortigung des Zugriffs, mit größerer Freiheit zu verwechseln. Freier wird man sicherlich nicht durch die Fernsteuerung, doch lässt sich mit ihr Zeit „sparen". Zumindest jene Zeit, die man davor „verschwenden" musste, um die Dinge des alltäglichen Gebrauchs in direktem persönlichen Kontakt zu regulieren.

Bedauerlicherweise jedoch ist das ferngesteuerte Paradies nicht ohne zusätzliche Zwänge zu bekommen. Ihr Einsatz wird häufig erzwungen, ohne sie funktioniert's nicht. Hat man sie verlegt, ist sie defekt, sind die Batterien aufgebraucht, dann bleibt das Garagentor geschlossen, die Heizung bleibt kalt, das Fernsehbild grau. Rasch entschwinden dann alle Illusionen von Freiheit und Entscheidungsvielfalt. Ersetzt werden sie von der Realitätseinsicht, noch abhängiger geworden zu sein. Ein solcher Programmwechsel von der Souveränität zur Hilflosigkeit ist jedoch bei keiner Fernsteuerung vorgesehen. Im glücklichen

Fall wird man in solchen Situationen zum Nachdenken genötigt, ob es vielleicht nicht auch ein Unglück für die Menschen ist, dass die Zivilisation ihnen das Leben zwar so viel angenehmer gestaltet hat, sie aber dabei nicht viel klüger machte, die Folgeprobleme, die dem Fortschritt als Schleppe anhängen, rechtzeitig zu bedenken. Mit Vorliebe stellt dieser sich dort taub, wo er in seinem Modernisierungs- und Beschleunigungsdrang von problematischen Erfahrungen „zurückgepfiffen“ wird. Der letztlich folgenlose Untergang der Titanic beweist das ebenso wie die alltäglich auftretenden, weniger dramatischen Defekte im Umfeld eines elektronisch hochgerüsteten Haushalts.

Die Fernsteuerungseuphorie ist weiterhin ungebrochen. Das belegt u. a. die Ankündigung, die Reichweite von Fernsteuerungen in nächster Zeit auf größere Distanzen hin auszuweiten. Per Mobiltelefon, so ein attraktives Versprechen, kann man demnächst für eine Rundum-Fernregulierung und Fernüberwachung sorgen. Bei der Rückfahrt aus dem Italien-Urlaub lässt sich dann bereits von einem Rastplatz an der Autobahn bei Verona aus in der Frankfurter Wohnung die Heizung „hochfahren“ und das Außenlicht einschalten. Wer's ganz gemütlich bei der Ankunft haben will, kann ferngesteuert sogar dafür sorgen, dass der CD-Player die Ankommenden mit der passenden Begrüßungsmusik empfängt. Als treue Sklaven von Fernsehmoderatoren, die ihre Zuseher immerzu auffordern „dranzubleiben“, tauschen die elektronisch Ferngesteuerten so ihre Freiheit und Souveränität gegen Abhängigkeit und Bequemlichkeit ein.

Die Fernsteuerung ist „nicht nur ein Gegenstand für das Subjekt“, sondern, wie Karl Marx anmerkte, „prägt“ sie auch ein „Subjekt für den Gegenstand“. Peter Sellers hat das gezeigt. In dem Film *Willkommen, Mister Chance* spielt er die Rolle eines Gärtners, der sein Leben wechselweise zwischen Grünanlagen und Fernsehapparat verbringt. Der Einsatz der Fernbedienung hat ihn gelehrt, allen bedrohlichen Ereignissen durch einen raschen Programmwechsel zu entkommen. Als ihn schließlich eines Tages eine Bande von Straßenräubern überfällt, muss er erstaunt und hilflos feststellen, dass die Bösewichte nicht die geringsten Anstalten machen, auf die Befehle seiner Fernbedienung, die er nicht mehr loslassen kann, zu reagieren. Der Programmwechsel in der harten Wirklichkeit, so SELLERS' schmerzliche Lernerfahrung, bedarf anderer Mittel als die, die beim Fernsehen effektvoll sind.

Die Fernsteuerung ist inzwischen nicht mehr nur auf die Bedienung von Geräten und Programmen beschränkt. Die Menschen steuern sich inzwischen auch selbst fern. Sie zappen durch ihr Leben, ununterbrochen von der Angst geplagt, etwas zu verpassen, und darüber hinaus noch von der Furcht verfolgt, es könnte ihnen dabei langweilig werden. Wenn überhaupt, dann bemerken sie meist viel zu spät, dass weder die ferngesteuerte Flucht vor der Langeweile noch ihr nervöses Bangen, möglichst alles mitzubekommen, sie von existenzieller Leere und Langeweile erlösen, sondern sie eher noch tiefer in diese hineinführen. Ferngesteuert lässt sich nun mal kein hoffnungsvolleres Bild von dieser Welt herstellen – und noch viel weniger eine befriedigendere Realität.

Trotzdem, alle Prognosen bestätigen es: In Zukunft werden noch mehr Subjekte als bisher ihr Leben, zumindest das, was sie dafür halten, in ferngesteuerter Form zu intensivieren versuchen. Männer tun das heute bereits umfangreicher als Frauen, die Jüngeren tun es öfter als die Älteren. Die deutschen Medien-Vagabunden verwenden die Fernbedienung, so eine Nachricht aus einem Hamburger Freizeit-Forschungsinstitut, mehrheitlich, um ihre allabendliche televisionäre Leidenschaft zu befriedigen. Jeder Dritte zappt im Durchschnitt fünfmal hin und wieder her. Verständlich, dass die Programmmacher auf solchen Flexibilitätswahn reagieren und ihre Sendeformate noch mehr kürzen, sie noch hektischer und spektakulärer gestalten. Ein Höhepunkt jagt den anderen, ein Tiefpunkt den nächsten. Fast Food überall, auch beim und im Fernsehprogramm. Schnellimbiss zu Mittag, elektronisch arrangierte Burger zur Abendzeit. Die Tele-Pizza hat das Terrain flächendeckend erobert. Gespart wird Zeit, viel Zeit – und wie!? Wo aber bleibt sie? Wo findet man sie? Nirgends. Also, sparen wir weiter. Doch gemach, gemach, auch nachdem das Fernsehen die Schlacht um die bewegten Bilder gewonnen hat, existieren weiterhin noch einige fernbedienungsfreie Landschaften. Vergleicht man einen Kinobesuch mit den verbreiteten Fernsehgewohnheiten, dann stellt sich rasch heraus, was die Fernbedienung an Gewinn und was sie an Verlust gebracht hat. Dem Besuch eines Kinofilms geht in vielen Fällen eine längere Entscheidungsfindung voraus, die aus einem Blick ins Filmprogramm der aktuellen Tageszeitung besteht und der anschließenden, nicht immer leichten Entscheidung für eines der dort annoncierten Angebote. Hat man sich schließlich auf einen Film und ein Kino festgelegt, folgt die telefonische Reservierung eines Platzes, oder mehrerer, denn ins Kino geht man nicht gerne allein. Manchmal bedarf es darüber hinaus einer gründlichen Überlegung, wen man einlädt oder mitnimmt. Anschließend macht man sich dann auf den Weg, jedoch erst, nachdem entschieden wurde, mit welchem Verkehrsmittel das Ziel am problemlosesten zu erreichen ist.

Ganz anders hingegen die Situation beim Fernsehen. Zuerst sucht man die Fernbedienung, findet sie im glücklichen Fall auch rasch, und schaltet ein. Meist jedoch erwischt man das falsche Programm – und prüft sogleich, was alles noch so läuft – und zappt und zappt und zappt.

Der Gang ins Kino ist, im Gegensatz zum Fernsehkonsum, meist ein gut vorbereitetes Ereignis. Das aus der Ferne gesteuerte Einschalten des TV-Gerätes ist dagegen nicht viel mehr als eine bequeme und nahe liegende Gelegenheit zur Ablenkung. Diese Unterschiede setzen sich fort: Man betritt beim Lichtspieltheater einen Ort der Phantasie, der Kreativität und der Anregung des Vorstellungsvermögens. Man taucht in eine bunte, glitzernde Welt ein. Zurück bleibt der graue Alltag. Die Inszenierung zu Beginn des Films gleicht einem wohl kalkulierten Übergangsritual. Das Licht wird schwächer, hie und dort geht noch ein Vorhang auf, die Werbung beginnt. Sie wird nicht selten von mehreren Programmvorschauen abgelöst. Eis und Eisgekühltes wird bei leicht verstärkter Helligkeit zum Kauf angeboten, schließlich geht das Licht, bis auf die vorgeschriebenen Notsignale, wieder aus. Der Film beginnt an einem Punkt, an dem das Gemeinschaftserlebnis medialer Wahrnehmung bereits einige Zeit andauert.

Auf vieles davon muss man beim Fernsehen verzichten. Kein inszenierter Übergang, kein stimmungsreiches Umfeld, selten eine Vergemeinschaftungserfahrung. Das Fernsehen ist nicht mehr als die Fortsetzung des Alltags mit anderen Mitteln; der Kinobesuch hingegen gleicht einem Ausbruch aus dem Alltäglichen. Dazu der französische Regisseur GODARD: „Zum Film schaut man auf, zum Fernsehen herab." Konsequenterweise hat sich das Fernsehprogramm deshalb auch zum Begleitmedium vieler häuslicher Alltagsverrichtungen entwickelt. Es ist immerzu präsent, zumindest als Hintergrundgeräusch, als eine Art flexibler Fototapete. Genutzt wird es als Einsamkeitsvertreiber und Regenerationsmedium. Dort, wo nicht mehr (nur) über Schnelligkeit Zeit „gewonnen" wird, sondern, wie neuerdings üblich, durch Vergleichzeitigung und Zeitverdichtung, ist das eine voraussehbare Tendenz. Das Fernsehen intensiviert die Zeitverwendung, indem es simultan zum Essen, zum Bügeln, zum Telefonieren, zum Heimwerken, zum Kochen und anderem mehr das erwünschte Begleitprogramm liefert. Der Alltag wird so nicht nur schneller, er wird auch zeitlich dichter.

Die Dramaturgie des Lebens wird in unseren modernen Zeiten weder vom Schicksal noch durch Gottes unerfindlichen Ratschluss bestimmt. Über das Drama des Alltags entscheiden heute jene Personen, die den permanenten und bedingungslosen Zugang zur Fernbedienung haben und die jederzeit und allerorten für eine „instant gratification" sorgen: Die Welt gehorcht dem Willen und der Vorstellung – es genügt ein Knopfdruck.

Multicooking

Der Thermomix

Suchen Sie einen Partner fürs Leben? Eine kleine Investition, nur knapp unter 1000 Euro, und schon können Sie ihn bekommen. Das Tolle dabei: Er kann fast alles. Der unvermeidliche Haken: Sein Aktivitätsradius ist begrenzt. Er kann wiegen, hacken, raspeln, mixen, rühren, schneiden, schroten, mahlen, kneten, ja sogar pulverisieren und pürieren. Darüber hinaus hilft er auch beim Kochen und Garen, ja er spült sogar wie von selbst. Dank stufenloser Regelung zwischen 40 und 10 000 Umdrehungen pro Minute ist er allen Geschwindigkeitsträumen sogleich zugänglich. Was will man mehr – es sei denn, man will etwas ganz anderes.

Klar, so etwas Perfektes bekommt man nicht aus Fleisch und Blut. Nein, den Alleskönner-Partner, den findet man im bunten Reich der Küchengeräte. Er hört auf den nicht allzu prosaischen Namen „Thermomix TM 31". Ein erster Blick lässt vermuten, es handle sich dabei um ein raffiniertes, derzeit den Markt eroberndes Heißgetränk. Nein, das Gerät verkörpert den postmodernen Geist des Multitasking, der nun auch in die Küchen und Kochnischen einzieht. Der Thermomix TM 31, so liest man beglückt, „ist der ideale Partner für die schnelle Zubereitung leckerer Speisen".

„Alles, gleichzeitig, und zwar sofort", so heißt das Paradiesprogramm des neuen Kultgerätes. Niemand muss mehr, vorausgesetzt man hat sich zum Kauf entschieden, aufs Essen warten. Die Frage: „Wann gibt's denn endlich was zu futtern?" ist damit hinfällig. „Alles gibt's, und das sofort", so lautet die Antwort des flotten Thermomix.

In erster Linie ist es die zeitverdichtende Simultaneität mehrerer Funktionen und Aktivitäten, also die Multifunktionalität, die die prompte Befriedigung unterschiedlichster Kurzfristbedürfnisse, soweit diese mit dem Essen zu tun haben, zu erfüllen verspricht. Das schließlich macht den Thermomix zu einem gleichwertigen Partner all jener multifunktionalen Geräte und Instrumente, die bereits vor einiger Zeit in die Arbeitswelt außerhalb der eigenen vier Wände Einzug gehalten haben. Zusammen mit den drei derzeit beliebtesten elektronischen Dienstboten, dem Computer, dem Mobiltelefon und der Fernsteuerung, komplettiert der Thermomix das Quartett der Vergleichzeitiger. Alle vier glänzen und protzen sie mit ihrer Multifunktionalität, ihrer Potenz zum raschen Funktionswechsel und zur Allzeitbereitschaft. Auch wenn das der Harmonie nicht immer zuträglich ist, so lässt sich doch mit ihnen der Alltag deutlich beschleunigen.

Der Thermomix TM 31 X, so verspricht es zumindest die aufdringliche Selbstdarstellung in der Bedienungsanleitung, sorgt für die „Revolution in der Küche". Das Marketing legt noch eins drauf und glorifiziert ihn zu einem „Partner fürs Leben". Seine etwas penetrant präsentierte Genialität stützt sich zuallererst auf seine Fähigkeiten, mehr als alles zu können, und das dann auch noch unglaublich fix.

Fort mit den tausend Einzelgeräten, die die Küchenregale verstopfen und in den Schubladen und Hängeschränken ihr tristes und verstaubtes Leben fristen. Der Thermomix TM 31 ersetzt Waage, Reibe, Eierkocher, Mixer, Getreidemühle, Dampfgarer und Küchenuhr. Allein der Internetanschluss ist derzeit noch nicht vorgesehen. Aber das ist sicherlich nur eine Frage der Zeit und eines demnächst zu erwartenden Entwicklungsschrittes. Bereits heute lässt sich, dem ausgetüftelten Multifunktionsdisplay sei Dank, bei ihm vieles gleichzeitig steuern und regeln (Wo aber bleibt die Fernsteuerung?). Ach ja, und nicht zu vergessen: Mit der Turbotaste lässt sich alles noch ein wenig schneller machen. Doch die Anleitung rät zu selektiver Vorsicht: „Diese Taste nicht beim Zerkleinern und Pürieren bedienen!"

Das alles weiß, so der Hersteller im eigenen Interesse, „jede Familien-Managerin zu schätzen". Die Hausfrau ist „out" (der Hausmann aber deshalb nicht etwa „in"), die „Familien-Managerin" hat das Terrain, zumindest das der Küche, erobert. Der Thermomix ist das ideale und kompetente Gerät, mit dem sich jetzt auch die Küchenarbeit zum Projekt machen lässt. Das Essen wird nicht mehr „gemacht“ oder „hergerichtet“, es wird auch nicht „gekocht“, es wird „organisiert“. Die Hausfrau „verprojektet“ sich und ihre Arbeit. Sie wird zur Managerin der Küche, für die der Thermomix der ideale Partner ist. Heirat nicht ausgeschlossen.

Mehr als zwölf Küchengeräte in einem, so etwas kann nicht anders als „Fortschritt“ genannt werden. Gespart werden Platz und Zeit. Das Küchenwunder ist das Ergebnis einer neuen Eskalationsstufe im Zeitwettbewerb, und dabei ist es nicht viel größer als eine Kaffeemaschine. Zusätzlich zeichnet es sich, wie könnte es auch anders sein, durch ein „funktionales Design“ aus. Kurz gesagt: Der Thermomix ist der Porsche unter den Küchengeräten. Wer könnte einer solchen Attraktion noch widerstehen? Rohkost in 15 Sekunden, eine frische Gemüsesuppe in acht Minuten, cremiges Eis aus gefrorenen Früchten in der Rekordzeit von 20 Sekunden und den leckeren Brotaufstrich produziert das Zaubergerät bereits in läppischen zehn Sekunden. Wenn dann alles so schnell gegessen wie es hergestellt wird, ist man im Nu fertig. Mahlzeit – und keine Zeit verlieren! Trotzdem steht man, auch das sehr schnell, vor dem nächsten Problem.

Was eigentlich macht der so fix gesättigte Mensch mit der gewonnenen Zeit? Eine Antwort findet man nur nach zeitaufwändiger Grübelei. Aber der fürsorgliche Hersteller hat das selbstverständlich geahnt. Er liefert auf diese tiefgründige Frage dankenswerterweise eine schnelle Antwort: „Jene Zeit, die Ihnen der Thermomix schenkt, nutzen Sie für sich, für die Familie, für Freunde und Hobbys.“ Das hört sich doch in der Tat gut an. Aber Vorsicht! Nicht alle dermaßen rasch Gesättigten können sich so gut leiden, dass sie die gewonnene Zeit für sich selbst auch genießen können. Nicht alle Thermomixeigner haben eine Familie, für die sie Zeit benötigen; aber auch jene, denen das Kochen zum Hobby wurde, wollen vielleicht gar nicht an jener qualitativ wertvollen Zeit sparen, die ihnen Spaß und Freude macht. Könnte es sein, dass diese Menschen gar nicht, wie es die Bedienungsanleitung unterstellt, „voller Ungeduld auf Ihren neuen Thermomix warten"?

Kein Zweifel, der „Alles-Könner TM 31" hat den Trend auf seiner Seite. Ihn jedoch als „revolutionär" zu beschreiben, wie das die Marketingstrategen des Herstellers so protzig tun, ist etwas übertrieben. Der Thermomix verspricht nämlich nicht mehr als das, was anderswo schon längst zum Alltag gehört. Ähnlich breite Multifunktionspotenziale findet man inzwischen bei den meisten jener elektronischen Geräte, die in den Wohnräumen und Bürolandschaften für die dort herrschende hektische und umtriebige Atmosphäre verantwortlich sind. Da ist es doch nur konsequent, wenn der Trend zur Zeitverdichtung jetzt auch in die Küchen Einzug hält. Es ist das Verdienst des Thermomix, die Kochlandschaften nun an die Multifunktionswelten der modernisierten Projektumgebungen angeschlossen und angepasst zu haben.

Man kann solche Innovation begrüßen, muss das aber nicht. Man kann sich davon distanzieren, kann es aber auch sein lassen. Der Thermomix TM 31 macht die Arbeit in der Küche weder besser noch schlechter, weder schwerer noch leichter, er macht sie auch nicht viel angenehmer oder stumpfsinniger. Er verändert sie jedoch. Er verleiht ihr neue, bisher unbekannte Qualitäten. Deren Einschätzung und Bewertung sind nicht pauschalierbar. Sie sind an individuelle Präferenzen gebunden. Wer Freude am Kochen und an der Essenszubereitung hat, wer es genießt, mit Freunden und Freundinnen gemeinsam zu kochen, wird den Thermomix anders bewerten und einschätzen als Hungrige, die sich von der Küchenarbeit zuallererst belästigt fühlen. Das multifunktionelle Küchenwunder reduziert, und das macht gleichermaßen seine Stärke und Schwäche aus, die Essenszubereitung auf die sachlich-rationelle Logik von Projektabwicklungen. Das ist nicht für alle Personen gleichermaßen attraktiv. Auch die nicht völlig vernachlässigbaren Geschmackspräferenzen und Qualitätsansprüche darf man bei einem Urteil über den revolutionären Küchenhelfer nicht ganz unter den Esstisch fallen lassen. Nur mit Bezug zu individuellen

Wertmaßstäben lässt sich daher entscheiden, ob man mit dem Thermomix wirklich, wie vom Hersteller versprochen, „Zeit gewinnt" oder ob man sie möglicherweise nicht eher durch seinen Einsatz „verliert".

Dabei gilt es immer zu bedenken: Geht's ums Essen, ist Zeit nie wertvoll. Sie ist vielmehr dabei im eigentlichen Sinn des Wortes „kost-bar". Man kann sie schmecken. Die gewonnene wie die verlorene Zeit.

Gekühlte Zeitfreiheit

Der Kühlschrank

Ob Täter oder Opfer flexibler Arbeitszeiten, alle führt sie ihr Weg, haben sie gegen Abend vom Arbeitsplatz zu ihrer Wohnung zurückgefunden, sogleich zum Kühlschrank: „Mal sehen, was dort so zum Essen drin ist." Und siehe da, im Tiefkühlfach findet sich noch eine Pizza, die umgehend den Weg in die Mikrowelle findet. Auf den Salat, bis vor Kurzem noch die gewohnte vitaminreiche Begleitung des Essens, muss leider verzichtet werden, da der kleine türkische Gemüsehändler an der Ecke, der immer bis spät abends in seinem Laden anzutreffen war, jüngst der Zweigstelle einer Automatenbank Platz machen musste. Wo's früher etwas Nahrhaftes gab, gibt's jetzt nur noch Geld – das aber macht bekanntermaßen nicht satt.

Ein Leben ohne Kühlschrank, das ist für die Mehrheit aller Mitteleuropäer heute nicht mehr vorstellbar. Als Einbauelement gehört er zum fest installierten Mobiliar jeden Haushaltes. Die Menschheit, zumindest ihr wohlhabenderer Teil, hat sich durch die flächendeckende Versorgung mit Kühlapparaten einen Traum erfüllt, der seinen Platz ehemals in den paradiesischen Vorstellungswelten hatte. Dort, im Land wo Milch und Honig fließen, gibt es weder Tod noch Verfall und deshalb auch keine verderblichen Lebensmittel. Das Paradies ist zeitlos, zumindest stellt man es sich so vor. Alles steht immerzu und sofort bereit, eine notwendige Bedingung für den Zustand des ewigen und wunschlosen Glücks.

Seit Urzeiten hat diese Utopie die Menschen dazu motiviert, sich Verfahren und Techniken auszudenken, um sich dieser Situation annähern zu können. Immer auch waren darunter welche, die die Nahrungsmittel vor ihrem allzu raschen Verderben zu bewahren versuchten. Man griff dazu in die Zeiten der Natur ein, manipulierte naturgegebene Zeitmuster und korrigierte die Rhythmen des Werdens und Vergehens. Dies hat schließlich relativ früh in der Zivilisationsgeschichte zur Entwicklung von verschiedenen Konservierungstechniken geführt. Verfahren des Trocknens, des Dörrens, des Räucherns, der Marinierens, des Einsalzens, aber auch des Kühlens in Erdhöhlen sind so entstanden. Sie werden bis heute angewendet. In der Moderne wurden sie dann durch Kulturtechniken des Erhitzens, des Pasteurisierens, des Konservierens ergänzt. Schließlich begann am Beginn des 19. Jahrhunderts der unaufhaltsame Siegeszug der Kältetechnik.

Zum Kühlen von Fleisch und Fisch errichtete man zuerst große „Eishäuser", denen jedoch kein dauerhafter wirtschaftlicher Erfolg vergönnt war. In die Epoche des umfassenden industriellen und technischen Aufbruchs, der wachsenden Beschleunigung und Zeitkontrolle fiel schließlich auch die Entwicklung des Kühlschranks bzw. seiner Vorgängerin, der Kompressionskältemaschine. 1876 entwickelte CARL LINDE ein vorerst nur in Brauereien einsetzbares Kühlgerät. Der Erfolg seiner Erfindung war überwältigend. In kürzester Zeit rüstete LINDE 445 Brauereien mit seinen neuen Kältemaschinen aus. Als dann am Ende des 19. Jahrhunderts gesetzliche Vorschriften den Aufbau eines Netzes kommunaler Schlachthöfe in Gang setzten, stieg der Absatz von Kühlgeräten landesweit.

Der erste elektrische Haushaltskühlschrank tauchte 1913 auf dem US-amerikanischen Markt auf. Er wurde, nicht zuletzt aufgrund seines hohen Preises, kein Verkaufsschlager. Erst Anfang der dreißiger Jahre, als Firmen mit so bezeichnenden Namen wie „Frigidaire" und „Kalvinator" in den USA mit der Serienfertigung von Kühlschränken begannen und die großen Warenhauskonzerne diese in ihr Verkaufsprogramm aufnahmen, wurde er zu einem breiten Erfolg. Zu dieser Zeit galt der Besitz eines Frigidaire als vorzeigbares Statusmerkmal. Nicht zuletzt auch, weil er, sowohl in Deutschland als auch in den USA, das Privileg einer begüterten Bevölkerungsschicht war und zu den Luxusgegenständen gezählt wurde. Das äußerte sich u.a. auch beim Design, das sich die Ästhetik von hochpreisigen Automobiltypen zum Vorbild nahm. Die aerodynamische Stromlinie wurde damals auch für die eigentlich mit relativ wenig Luftwiderstand kämpfenden stationären Kühlgeräte zu einem attraktiven Qualitätsmerkmal. Der Eisschrank passte zum Cadillac, der Cadillac zum Eisschrank.

Anders die Entwicklung in Deutschland. Zur Absicherung der wirtschaftlichen Unabhängigkeit im Ernährungssektor vergaben die machthabenden Nationalsozialisten an das von ihnen gegründete „Reichsinstitut für Lebensmittelfrischhaltung" den Auftrag, dem Volksempfänger und dem Volkswagen entsprechend, auch einen „Volkskühlschrank" zu entwickeln. Angelehnt an deutsche Traditionen und Leidenschaften, gründete man dazu einen „Arbeitsausschuss zur Erstellung des Deutschen Volkskühlschrankes", der mit der massenwirksamen Parole „Kampf dem Verderb" zu rascher Produktion antrieb. Zwar steigerte die Kühlwirtschaft während der nationalsozialistischen Herrschaft ihre Umsätze, die privaten Haushalte waren an diesem Erfolg jedoch nur zu einem geringen Teil beteiligt. Vielmehr war, wieder einmal, der Krieg und dessen Vorbereitung der Vater des später dann eintretenden Umsatzerfolges.

Die Propaganda für den Volkskühlschrank schlug sich, ähnlich wie beim Volkswagen auch, erst nach dem Krieg in großen Absatzzahlen nieder. Besaßen 1953 gerade mal 6 Prozent der Haushalte in Deutschland ein Kühlgerät, so änderte sich dies in der zweiten Hälfte der fünfziger Jahre radikal. Der bekannten „Fresswelle" ging eine „Haushaltswelle" voraus, die, u.a. durch den Kauf eines Kühlschranks, die notwendige Versorgungsbasis für diese schuf. Nach entbehrungsreicher Zeit konnte man endlich wieder aus dem Vollen schöpfen. Ein gefüllter Kühlschrank machte es möglich.

Mit wachsender Nachfrage sanken schließlich auch die Preise für die Kühlgeräte. Die Massenproduktion lief fortan auf Hochtouren. Die Löhne stiegen und die Ansprüche mit. Gekühlter Wohlstand wurde selbstverständlich. Nur wer mit Kühlschrank lebt, lebt heute im Wohlstand. Als „Traum jeder Hausfrau" taucht der Kühlschrank in den Sechzigern in der Werbung auf, ein Traum, der rasch in Erfüllung ging. 1965 stand bereits in 60 Prozent der Haushalte ein Frigidaire, 1974 bereits in 95 Prozent. Als Luxusgegenstand wird er Gästen schon lange nicht mehr stolz präsentiert. Aber vielleicht demnächst wieder, wenn er sich, wie angekündigt, in wenigen Jahren als intelligentes Kühlwesen präsentieren kann, das dann seinen hoffentlich ebenso intelligenten Mitbewohnern selbsttätig Einkaufslisten erstellt, auf denen all das vermerkt ist, was zur sofortigen Wunscherfüllung gerade fehlt. Dann wird es nicht mehr lange dauern, bis das sich automatisch selbst versorgende Kühlparadies mit seinen vielfältigen Temperaturzonen ins Haus steht. Dann werden endlich auch jene von ihrer Zeitnot befreit, die ohne diese sie schon lange nicht mehr leben können. Dann sind die Zeiten nicht mehr weit, in denen Lieferanten an der Haustüre klingeln und das bringen, was der Kühlschrank tags zuvor ohne unser Wissen bestellt hat.

Es ist wahrscheinlich, dass bei solcherart Nachschub für die häuslichen Versorgungsstationen auch einige Tiefkühlpizzen dabei sind. Denn, so die Auskunft der Lebensmittelstatistiker, mit jährlich 90 Stück liegen diese in der Beliebtheitsskala deutscher Fast-Food-Fans an der Spitze aller Nahrungsmittel. Das wiederum ist ein Zeichen dafür, dass die Revolutionen in der Küche weit über die häusliche Kühltechnik hinausreichen, dass sie auch die Ernährungsweise, die Lebensgestaltung, die sozialen Essensgewohnheiten und die Hygienevorstellungen gründlich umstülpen. Als „frisch" gelten Nahrungsmittel heute nicht mehr dann, wenn sie ohne Umwege und Zeitverlust vom Feld, aus dem Meer oder vom Bauern in die Küche gelangen, „frisch" sind sie, wenn sie aus dem Kühlschrank kommen oder gerade aufgetaut wurden. Das Naturgeschenk der Frische hat seine Unschuld längst an die Kühltechnik verloren.

Der Eisschrank ist auch nicht ganz unbeteiligt an dem Sachverhalt, dass heute nur mehr eine Minderheit der Hungrigen die traditionellen Verhaltenskonventionen der Speisenfolge einhält oder auch nur kennt. Ein Großteil der jüngeren Bevölkerung weiß um das, was einmal „Manieren" hieß, nicht mehr und muss es auch nicht mehr kennen. Der Verzehr einer in der Mikrowelle fix aufgewärmten Tiefkühlpizza benötigt nicht die

Kenntnis, wie das Besteck richtig gehandhabt wird, auch ist man von der konventionellen Erwartung entlastet, den Ellbogen beim Essen möglichst nicht auf den Tisch zu legen. Mag so etwas ästhetisch problematisch sein, es fördert den Umsatz und ist daher auch aus wirtschaftlichen Gründen erwünscht. Keine Konjunkturflaute konnte der Tiefkühlkost bisher etwas anhaben. Jährlich steigt der Pro-Kopf-Verbrauch von Aufgetautem. Er liegt inzwischen, Kleinkinder eingeschlossen, bei 35 Kilogramm pro Person. Pommes frites kommen für die Kids des 21. Jahrhunderts nicht mehr vom Kartoffelacker, die Milch nicht von der Kuh, beides kommt aus den Tiefen des Kühlregals.

Weniges hat sich in den letzten Jahrzehnten inhaltlich, formal und zeitlich so radikal verändert wie die Esskultur. Der Kühlschrank, das Gefrierfach und die Tiefkühltruhe tragen dafür eine nicht unerhebliche Mitverantwortung. Der Esstisch ist kaum mehr der zentrale Ort des sozialen und familiären Lebens. Gemeinsame Essenszeiten findet man nur mehr bei einer Minderheit der Familien und dort auch meist nur noch am Wochenende. Die Mehrheit der Bevölkerung Mitteleuropas zählt heute zur Kategorie der „situativen Einzelesser", eine Spezies, die nicht zuletzt der Erfindungsgabe der postmodernen Ernährungsindustrie zu verdanken ist. Die gekühlten Versorgungsstationen in Küchen, Kochecken und Kantinen sind darüber hinaus auch für den Siegeszug des „Zwischendurchessens" verantwortlich. Als Depots für den raschen, spontanen Zugriff sind Kühlschränke dafür unverzichtbar. Sie funktionieren dabei als Tankstelle, die man ansteuert, um den Weg auf der Schnellstraße des Alltags nach möglichst kurzer Unterbrechung so rasch wie möglich wieder fortzusetzen. GOETHE bereits hat etwas davon übernommen:

Die Jugend verschlingt nur, dann sauset sie fort.

Dieses Privileg hat die Jugend längst verloren.

Kühlschränke sind Geräte des Zeitmanagements. Sie regeln, organisieren und managen den Verfall von Nahrungsmitteln und garantieren dem Just-in-time-Esser die Allzeitverfügbarkeit des Essbaren. Daher lautet die Antwort auf die selten gestellte Frage: Was tun eigentlich Kühlschränke? Sie kontrollieren die Zeiten des Lebendigen. Jene, die sie anschaffen, die sie nutzen, „sparen“ bzw. „gewinnen“ hierdurch Zeit. Der Kühlschrank verkürzt die Vor- und Zubereitungszeiten von Mahlzeiten, er sichert den Spontanzugriff hungriger Menschen, er liefert Fertiges für Sofort-, Nebenher- und Zwischendurchesser. So reduzieren sich die Zeiten, die traditionell fürs Essen und dessen Vorbereitung notwendig waren, deutlich. In Frankreich (!) hat sich der Zeitaufwand, den die durchschnittliche Familienmahlzeit heute benötigt, mit fleißiger Unterstützung der Kühltechnik von eineinhalb Stunden auf 38 Minuten verkürzt. Schnellere Zubereitung und weitgehende Unabhängigkeit von saisonalen Ernterhythmen sind die erwünschten Folge-Effekte der Ausstattung aller Küchenareale mit Kühl- und Gefriergeräten. Vorgekochte, eingefrorene und anschließend in der Mikrowelle schnell aufgetaute, gebrauchsfertige Menüs, tiefgekühltes Fingerfood, Pizzen in allen Formen und Größen, das alles ist ein tempomachender Treibstoff für all jene Personen, die der Rationalität der Zeit-ist-Geld-Logik in ihrem Leben zur Vorfahrt verhelfen. „Eat and run“ heißt deren Maxime, „Snack around the clock“ ihr Entscheidungsprinzip.

Die Kälte im Schrank erspart den relativ hohen Zeitaufwand, den eine traditionelle Vorratswirtschaft verlangt. Sie entlastet insbesondere die weiblichen Familienmitglieder von umständlicher, tage- und wochenlanger Konservierungsarbeit im Sommer und Herbst eines jeden Jahres. Beschleunigungswirksam sind auch die Möglichkeiten der Aufbewahrung von Milch, Butter, Wurst und anderen leicht verderblichen Nahrungsmitteln in Kühlfächern. Es erleichtert den Einkauf größerer Vorratsmengen. Kinder wissen es zudem zu schätzen, dass nicht mehr alles, was auf den Tisch kommt, auch aufgegessen werden muss. Dank Kühltechnik lassen sich auch am nächsten Tag die Reste noch verzehren – und die Mütter sparen mal wieder viel Zeit, da sie ja nichts Neues kochen müssen. Das Effizienzdenken hat die Esskultur fest im Griff. Schnell eine Pizza nach der Schule in die Mikrowelle und am Abend den Rest vom Mittagessen vorm Fernseher – es wird viel Zeit gespart.

Dieser Zeitersparnis stehen jedoch einige Zeitverluste gegenüber, die insbesondere von den längeren Einkaufsfahrten zu den Supermärkten am Stadtrand resultieren. Man nutzt nicht mehr das, was die Saison gerade erntefrisch liefert, man kauft für einige Wochen im Voraus ein und sorgt für einen gefüllten Kühlschrank. Bei so viel Zeitersparnis ist es schließlich dann auch ein vernachlässigbares Problem, wenn es dem Spinat nur noch selten gelingt, in ungefrorenem Zustand in die Küche zu gelangen.

Kühlschränke und Gefriertruhen haben die Haushalte nicht nur schneller, sie haben sie, und das ist in postindustriellen Gesellschaften ein attraktives Argument, zeitlich auch erheblich flexibler gemacht. Erreicht wurde dies durch die Paradoxie der Beschleunigung durch Verlangsamung. Im Kühlschrank werden die natürlichen Verfallsverläufe von Lebensmitteln abgebremst. So ist es den Menschen möglich, die Zeiten der Natur zu kontrollieren und zu manipulieren. Solch umfangreicher Machtgewinn wird in einer Gesellschaft, die sich der Zeit-ist-Geld-Maxime verschrieben hat, in erster Linie zu beschleunigungswirksamer Flexibilisierung genutzt: „Alles, jederzeit und sofort" lautet daher das attraktive Versprechen der Kühltechnik. Radikal und konsequent wird es dort umgesetzt, wo sich, wie im Land der unbegrenzten Möglichkeiten, auch die Menschen einfrosten lassen, um zu späteren Gelegenheiten wieder zum Leben erweckt zu werden. So sind Leben und Tod heute zu einer Frage von Kälte und Kalkulation geworden.

Das Dienstmädchen aus der Tüte

Suppenwürfel, Fleischextrakt und Co.

„Der Mensch", so Ludwig Feuerbach, „ist, was er isst." Inzwischen wissen wir, er ist auch, wie er isst – schnell.

Wenn jede Kultur das hat, was sie verdient, dann gehört der Suppenwürfel zur Elementarausstattung mitteleuropäischer Gesellschaften. Seine Geschichte begann vor eineinhalb Jahrhunderten. Bereits kurz nachdem das Zeitalter der Beschleunigung auf die Schiene gesetzt wurde, zog es auch schon siegesgewiss in die Küchen ein. Die Beschleunigung, der auffälligste und am besten belohnte Kult der Moderne, erklärte den Kochtopf zum Objekt ihrer unersättlichen Begierde. Nicht ganz so spektakulär wie bei der Eisenbahn ging es auch bei der Zubereitung von Mahlzeiten um immer mehr Schnelligkeit, um raschere Zielerreichung und fixere Wunscherfüllung. Der „Sofortismus" machte sich an die Eroberung der großen und der kleinen Welten des Alltags.

Eng liiert mit dem wachsenden Tempo der industriellen Entwicklung und einer damit einhergehenden Trennung von Haushalt und Arbeitsstätte, wurde es für annähernd alle Bürger und Bürgerinnen zur Pflicht, das Alltagshandeln am Zeittakt der Produktion und nicht mehr länger am Vorbild menschlicher und natürlicher Rhythmizität zu ordnen und zu organisieren. Die industrialisierte Arbeitsgesellschaft veränderte das Familienleben genauso tiefgreifend, wie sie die traditionellen Formen der Nahrungsmittelproduktion, des Kochens und des Essens revolutionierte. Die Produkte, die in der Küche Verwendung fanden, stammten zunehmend aus industrieller Produktion. Der Fleischextrakt, der Suppenwürfel und die Tütensuppe stehen dabei am Anfang jener „Transformation", die ihren Abschluss auch heute noch nicht gefunden hat. Man entdeckt sie überall dort, wo Mobilität und Beschleunigung zu Hause sind. Das Gebot der Schnelligkeit verlangt nach ihnen.

Seit der zweiten Hälfte des 19. Jahrhunderts konzentrierten sich die umfangreichen Rationalisierungs- und Beschleunigungsanstrengungen immer mehr auch auf die Tätigkeiten im Haushalt. Sie glichen sich auch dort der industrietypischen Arbeitsweise an. Die ehemals aufwändige und zeitintensive Essenszubereitung stand in keinem akzeptablen Verhältnis mehr zu den extrem kurzen Unterbrechungen, die den hart arbeitenden Männern (industrielle Frauenarbeit war damals noch selten) für ihr Mittagessen zugestanden wurde. So wuchs, insbesondere in Arbeiterfamilien, der Bedarf an kochfertigen und rasch herstellbaren Speisen. Hierauf reagierte die Lebensmittelindustrie. Sie konzentrierte sich dabei anfänglich insbesondere auf jenes Gericht, das in den Haushalten mit niedrigem Einkommen die Hauptmahlzeit darstellte, die Suppe.

Bis ins beginnende 19. Jahrhundert bestand ein weitgehend symbiotisches Verhältnis zwischen den in der Küche verwendeten Nahrungsmitteln und den Rhythmen der Natur. Der Wechsel der Jahreszeiten und die Ergebnisse der Ernten entschieden sowohl über die Qualitäten als auch über die zur Verfügung stehenden Mengen des Essbaren. Ab 1847 änderte sich das.

Dem vom Chemiker Justus Liebig entwickelten Fleischextrakt kommt das große Verdienst zu, erstmalig in der Ernährungsgeschichte ein Produkt verfügbar gemacht zu haben, das den Speiseplan jahreszeit- und ortsunabhängig bereichern konnte. Der sozialpolitisch engagierte Liebig versorgte mit seinem nahrhaften Extrakt anfänglich jedoch ausschließlich die Münchner Hofapotheke, um den „Bleich- und den Schwindsüchtigen“ wieder auf die Beine zu helfen. Der hohe Nährwert des Extraktes, sein einfacher und schneller Einsatz und die rasch steigende Nachfrage ließen Liebig schließlich nach Produktionsmöglichkeiten suchen, die eine Versorgung der Bevölkerung in großem Stil sicherzustellen versprach. Als sich mit dem Hamburger Unternehmer Giebert ein interessierter Investor fand, starteten Liebig und er 1865 die industrielle Massenproduktion. Ihre Fabrik errichteten sie, weit weg von Deutschland, in der uruguayischen Hafenstadt Independencia. In Südamerika war der Rohstoff „Fleisch“ erheblich billiger und auch in größeren Mengen als in Europa vorhanden, sodass der Extrakt zu einem relativ günstigen Preis auf dem europäischen Markt angeboten werden konnte.

LIEBIGS Fleischextrakt gebührt der Lorbeer, das erste Convenience-Produkt der Welt zu sein. Die Paste, die man durch Auslaugen von Fleisch und anschließendes Eindampfen herstellte, stieß, kaum auf dem Markt, auf schnelle und breite Resonanz. In kurzer Zeit eroberte sie die Küchen, nicht zuletzt, weil die Kochbuch- und Haushaltsliteratur den Fleischextrakt sogleich in ihre Rezeptsammlungen aufnahm. HENRIETTE DAVIDIS zeigt sich 1870 regelrecht euphorisiert von der Innovation LIEBIGS:

> *Der Fleischextrakt ist ein großes Hülfsmittel für Hôtels, Bahnhofs- und andere Restaurationen, Garküchen, Wohltätigkeitsanstalten, sowie auch für Reisende, besonders auf Schiffen. Für Kranke, Schwache und Genesende aber giebt es in der That kein zweites Stärkungsmittel, welches in rascher und sicherer Wirkung dem Liebig'schen Fleischextract zu vergleichen wäre. ... Sicherlich wird so von den Männern dem hohen Namen des Herrn Professors Freiherr von Liebig häufig ein aufrichtig gemeinter Toast gebracht; aber von Frauenherzen, von Kranken und Schwachen wird Liebig ein unvergängliches Denkmal gesetzt, wahrlich das schönste Denkmal der Welt, weil es von dankbaren Herzen still und ohne Prunk aufgebaut ist ... (zitiert nach: RUF, S. 179).*

Die Attraktivität des Fleischextraktes basiert letztlich auf dem Versprechen, durch eine konzentrierte Eiweißdosis die individuelle Leistungsfähigkeit entscheidend steigern zu können. Bis in die Gegenwart wird dieses Argument, besonders in der Werbung, eingesetzt. Nach der Jahrhundertwende spielte dann der „Zeitgewinn" in der Verkaufsstrategie eine zweite wichtige Rolle. In einem Haushaltskalender der Liebig Compagnie von 1901 ist dahingehend zu lesen: „Noch nie ist wohl Zeit so sehr Geld gewesen als am Anfang des zwanzigsten Jahrhunderts, und zwar gilt dies jetzt auch für die Frauen."

Die in der zweiten Hälfte des 19. Jahrhunderts deutlich gestiegenen beruflichen Anforderungen, der immer brutaler werdende Kampf ums Dasein, die extremen Belastungen der Geistes- und Körperkräfte durch die frühindustriellen Verhältnisse, aber auch eine bis dahin ungewohnte immense Beschleunigung des Alltags- und des Arbeitslebens verlangten nach Nahrungsmitteln, die die Menschen befähigten, den hohen Anforderungen zu entsprechen. Im Fleischextrakt erkannte ein Großteil der Bevölkerung dieses Lebens- und Überlebensmittel. Dieser galt als ein „Treibstoff aus der Küche".

Da in Kriegszeiten die Belastungen wachsen, ist es auch keine Überraschung, dass der Fleischextrakt sogleich für die am Krieg beteiligten Armeen zur wichtigen Nahrungsmittelreserve wurde. Musste man vor LIEBIGS Erfindung noch größere Rinderherden zur Verpflegung von Heeressoldaten mitführen, so konnte man es sich seit dem deutsch-französischen Krieg von 1870/71, besonders was die Eiweißzufuhr betraf, erheblich einfacher machen. Bekanntermaßen ist Schnelligkeit im Kriegsfall ein starkes und überzeugendes Argument. So ist es auch keine Überraschung, wenn der Fleischextrakt dabei viele Vorteile auf seiner Seite hatte. Den verwundeten Soldaten galt LIEBIGS Erfindung sogar als eine Art Wundermittel:

> *Im Gefolge eines Truppencorps bietet das Fleischextract dem schwer verwundeten Soldaten ein Stärkungsmittel, welches mit etwas Wein seine durch Blutverlust geschwächten Kräfte augenblicklich hebt und ihn in den Stand setzt, den Transport in das nächst gelegene Feldspital zu ertragen.*[3]

Eine bessere Werbung kann man sich kaum wünschen, und es ist daher auch nicht allzu erstaunlich, dass der Fleischextrakt in friedlicheren Zeiten ebenso breite Verkaufserfolge feiern konnte.

Analoges trifft auch auf die vom Berliner Koch GRÜNEBERG entwickelte Erbswurst zu. Die preußischen Militärs erkannten

---

3 Zitiert nach Bunde, S. 131

rasch ihren strategischen Wert. Sie kam daher sogleich nach ihrer Erfindung im deutsch-französischen Krieg (1870/71) in der Truppenverpflegung zu ihrem ersten großen Einsatz. Möglicherweise war diese essbare Geheimwaffe ja kriegsentscheidend. 1889 tauchte sie schließlich als „Knorr-Erbswurst" im Einzelhandel auf und wurde auch dort zu einem „Renner". Die Erbswurst bestand, wie der Name dies bereits vermuten lässt, nicht aus Fleisch, sondern aus einem Gemisch aus Erbsmehl, Gewürzen, Speck, Zwiebeln und Salz. Ihre Lagerfähigkeit war hervorragend, sie war leicht zu transportieren und fix in eine Erbsensuppe verwandelbar. Ihre Hauptattraktionen lauteten: „einfach, billig, schnell". Es sind immer noch diese Attribute, die den Convenience-Produkten bis heute ihren stetig wachsenden Umsatzerfolg sichern.

Das Prinzip, Suppen in trockener bzw. pastenartiger Form vorzufertigen, eignete sich vorzüglich zur industriellen Herstellung. Heinrich Knorr aus Heilbronn, und kurze Zeit später dann auch der Schweizer Johannes Maggi, investierten in die Massen- und Fließbandproduktion der neu entwickelten Suppen-Fertigprodukte. Die haltbaren Angebote von Knorr wurden rasch nicht nur bei kriegerischen, sondern auch bei zivilen Eroberungen und Expeditionen zum gern gesehenen Begleiter: „Knorr-Suppen gehören in jeden Rucksack."

Der schnelle Marsch der Fertigsuppen in die Küchenschubladen der Arbeiter- und Bürgerhaushalte wurde durch das Versprechen forciert, ihr Einsatz könne von den Mühen des Alltags, von Aufwand und Zeit entlasten. Sie galten als „Dienstmädchen aus der Tüte". Der Verführung, eine Suppe innerhalb von nur zehn Minuten auf den Tisch zu bringen, konnten nur jene Personen widerstehen, die mit viel Zeit und lebendigem Dienstpersonal ausgestattet waren.

Den sich extrem beschleunigenden Arbeitsabläufen musste sich auch das häusliche Umfeld anpassen. Der Wunsch nach mehr Tempo umfasste schließlich den gesamten Alltag, wo immer er stattfand. Daher waren die Zeitspareffekte, die die neuen Fertig- und Halbfertigprodukte bei der Hausarbeit versprachen, äußerst willkommen. Darüber hinaus war Ende des 19. Jahrhunderts eine größer werdende Anzahl von Frauen gezwungen, einen Teil des Familieneinkommens durch anstrengende Fabrikarbeit zu sichern. Auch aus diesem Grund verringerte sich die zur Essenszubereitung zur Verfügung stehende Zeit. Als schließlich zur Jahrhundertwende (1900) erstmalig der MAGGI-Suppenwürfel in den Lebensmittelläden auftauchte, war auch dessen Erfolg abzusehen. Bald danach (1905) erblickte dessen Bruder, der Soßenwürfel, das Licht der schneller und immer schnelleren Welt. Drei Jahre später vergrößerte der Fleischbrühwürfel die Musterfamilie „MAGGI" weiter. Seitdem findet man kaum mehr einen Haushalt ohne die kompakte Masse aus Gewürzen, Fett, Gemüse- bzw. Fleischextrakten zur sofortigen Herstellung von Suppen, Soßen und Brühen. Zumindest für zeitliche Drucksituationen liegen die unterschiedlichsten „Glückswürfel" immer bereit.

Die Forderung MARINETTIS, des Chefideologen der Futuristen, alle Mahlzeiten von ihrem „Volumen und Gewicht" zu befreien, wurde von MAGGI und Co weitgehend erfüllt. In dem 1930 publizierten *Manifest der futuristischen Küche* kündigt MARINETTI den umfassenden Sieg jener Bewegung an, die LIEBIG, KNORR und MAGGI auf den Weg gebracht haben:

> *Nehmen wir die Chemie in die Pflicht: Sie soll dem Körper schnell die notwendigen Kalorien durch Nahrungsäquivalente zuführen, unentgeltlich vom Staat verteilt, in Pulver- oder Pillenform, die eiweißartige Stoffe, synthetische Fette und Vitamine enthalten.*

Heute hat die Hochgeschwindigkeitsgastronomie jene Vision, die vor 75 Jahren als künstlerisch-spektakuläre Aktion weltweites Aufsehen erregte, längst zur Realität werden lassen. Die Nahrungsmittelindustrie ist zu einem nicht mehr wegzudenkenden Wirtschaftsbereich geworden. Ihre Umsätze steigen und steigen. Sie verdient blendend an der Herstellung von Laborspeisen. Das Ingenieurzeitalter hat die Küchen, und das, was dort zubereitet wird, mittlerweile grundständig verändert, so wie es die Futuristen prognostiziert haben. Verwunderlich ist nur, dass diese ihren Gästen in ihrer Turiner Taverne „Zum heiligen Gaumen“ weder LIEBIGS Fleischextrakt noch MAGGIS Suppenwürfel offerierten. Dafür empfahlen sie das nur selten auf einer Speisekarte anzutreffende „Huhn Fiat“ – was immer das war.

Damit die schnellen Produkte nicht nur rasch hergestellt, sondern auch fix vertrieben werden, kam der Schweizer JULIUS MAGGI 1886 auf die Idee, in seiner Firma ein „Reclame- und Pressebüro“ einzurichten. Zum Leiter bestellte er den Dramatiker FRANK WEDEKIND. Der verließ nach einjähriger Tätigkeit bereits wieder das Umfeld der Werbelyrik, um danach durch kulturell anspruchsvollere Aktivitäten weltweites Aufsehen zu erregen. Man kann seinen Entschluss zum raschen Wechsel durchaus nachvollziehen, wenn man sich die Fertigsuppen-Maggi-Lyrik WEDEKINDS zu Gemüte führt:

Vater, mein Vater,
ich werde nicht Soldat,
derweil man bei der Infanterie
nicht Maggi-Suppen hat.
Söhnchen, mein Söhnchen!
Kommst du erst zu den Truppen
So isst man dort auch längst nur
Maggi's Fleischkonservensuppen.

Trotz – oder vielleicht wegen – solch poetischer Mangelernährung haben sich die von MAGGI investierten Werbemillionen für die Firma gelohnt. Fertigsuppen gehören inzwischen zu den globalisierten Standardprodukten. Dass Zeitgewinn auch 100 Jahre nach dem Suppenwürfel noch ein attraktives Versprechen ist, belegt die von MAGGI 1979 auf den Markt gebrachte 5-Minuten-Terrine. Von den hektischen Alltagsbewältigern wird sie als Errungenschaft begrüßt, gefeiert und immer häufiger auch verzehrt. Sie ist MAGGIS Beitrag zur heute verbreiteten Kultur des „Essens im Vorbeigehen". Die Nachfrage nach kochfertigen, mühelos und rasch zuzubereitenden Speisen stieg im 20. Jahrhundert kontinuierlich an. Tiefkühlmenüs ergänzen heute eine große Auswahl an vorfabrizierten Suppen und Soßen. Nicht nur in den Privathaushalten, auch in die Großküchen haben Beschleuniger aller Art Einzug gehalten. Auch dort sucht man, wenn der Hunger nagt, nicht das Beste, sondern meistens nur das Nächstbeste – und das liefern MAGGI und Co.

Die paradiesische Vorstellung, alles jederzeit und sofort haben, nutzen und essen zu können, ist heute Alltagsrealität. Die Küchen sind saisonbereinigt, das Essen ist es auch, und von regionalen Angebotseinschränkungen ist man unabhängig. Auf die Heiligsprechung der drei großen Pioniere der Schnellküche hat man bisher, aus welchen Gründen auch immer, jedoch verzichtet. In vormodernen Zeiten hätte diese mit großer Sicherheit stattgefunden, zumindest wäre sie wahrscheinlich gewesen. Ehemals nämlich wurde die Schwester der heiligen KUNIGUNDE, die heilige ACHAHILDIS, nur deshalb zur Heiligen erklärt, weil sich ihr sehnlicher Wunsch nach frischen Kirschen in tiefster Winterszeit erfüllte – ihre Gottesfürchtigkeit und ihre Gebete hatten das möglich gemacht. Heute braucht man zur Erfüllung solcher Sehnsucht weder einen starken Glauben noch muss man dafür beten, man muss zahlen. Aldi, Lidl und Co haben die sofortige Wunscherfüllung zu ihrem Programm gemacht. Zu deren Heiligsprechung fehlen jedoch alle guten Gründe und noch mehr überzeugende Argumente – Gott sei Dank!

MAGGI, LIEBIG und KNORR haben viele Nachfolger gefunden. Sie heißen Pfanni, OETKER, Iglo oder anders. Alle stehen sie im eigenen Interesse bereit, unsere Zeitsparwünsche in Form küchenfertiger, halbfertiger, fix-fertiger und tischfertiger Produkte umgehend zu erfüllen. Trotzdem wäre es bedauerlich, wenn wir darüber die heilige ACHAHILDIS vergessen würden. Nur oberflächlich erscheint es nämlich so, als wären wir heute dort angekommen, wo die Sehnsüchte und die großen Verheißungen der Menschheit erfüllt wären. Das postmoderne Paradies sieht anders aus als jenes, das uns aus der Bibel bekannt ist. Dort musste weder gekocht noch gearbeitet werden. Im aktuellen irdischen Schlaraffenland gelingt es zwar aufdringlichen Fernsehköchen, in nur 30 Minuten ein Fünf-Gänge-Menü zuzubereiten, bedauerlicherweise wird davon aber niemand satt. So sind die vielen Zuschauer dazu verdammt, sich ihr säkulares Ersatzparadies mit aufgewärmten Tiefkühlpizzen zu verschaffen. Deren Geschmack erinnert an vieles, nur nicht ans Paradies. Vielleicht aber fehlt fürs Schlaraffenland nur noch ein einziges Fertigprodukt. KARL KRAUS zumindest hat es vermisst:

In einer gewissen Zivilisation muß es auch für die Seele so etwas wie einen Suppenwürfel geben, den sie nur ins heiße Wasser zu tun brauchen, um ein gleicher Art billiges wie bekömmliches Nahrungsmittel zu erzielen.

Postkarte genügt

Ältere Teilnehmer und Teilnehmerinnen von Preisrätseln und Gewinnspielen erinnern sich noch: Ganz gleich ob in Zeitschriften, im Fernsehen oder beim Hörfunk, stets wurden sie aufgefordert, ihr Lösungswort auf eine Postkarte zu schreiben und diese umgehend abzuschicken. War die Arbeit an der Lösung auch langwierig, so sollte es, hatte man es schließlich geschafft, am Ende ganz schnell gehen: „Postkarte genügt": Absender, Lösungswort, Adresse, und ab zum Briefkasten – der Poststempel entscheidet. Auch für die Empfänger war's dann ganz einfach. Ein schneller Blick und flugs flog die Karte auf einen jener Stapel, die nach „falsch" und „richtig" sortierten.

Heute sind das vergangene Zeiten. Man braucht den nostalgischen Blick, um sich den geschilderten rituellen Ablauf nochmals zu vergegenwärtigen. Keine Prominenz mehr im Fernsehen, die die glücklichen Gewinner aus mannshohen Postkarten-Stapeln zieht, keine zeremoniell angereicherte Verkündigung der glücklichen Gewinner, keine Enttäuschung bei den Zuschauern, dass man zwar mal wieder richtig geraten, die falschen Personen jedoch gewonnen haben.

Was hat sich geändert und warum hat es sich geändert? Heute empfehlen die Veranstalter von Gewinnspielen (die meist zur Geschäftemacherei verkommen sind) den Teilnehmern, die Lösung zu mailen oder sie telefonisch bzw. durch SMS zu übermitteln. Die Postkarte hat als Transportmittel ausgedient. Sie spielt beim „Glück" keine Rolle mehr. Inzwischen gilt sie als zu umständlich und zu langsam. Als profitableres und schnelleres Medium des Transports stehen Fax, SMS, E-Mail und Mobiltelefon zur Verfügung. Die Postkarte, früher ein Symbol der Schnelligkeit und des Bequemen, ist zum Auslaufmodell der Nachrichtenübertragung geworden. Nur noch Schwärmer fürs Vergangene erinnern sich ihrer glorreichen Zeiten.

Aus ganz ähnlichen Gründen wie der neue zeit- und raumlose Datentransfer ist die Postkarte vor etwa 130 Jahren als

Meilenstein der Beschleunigung und Vereinfachung eingeführt und begrüßt worden. Heute hingegen hat sie Museumsreife erreicht. Sie fristet ihr trauriges Dasein bevorzugt in Antiquitäten- und Trödelläden. Die botenlose Sofortbotschaft hat sie in der Nanosekunden-Kultur zu einem Liebhaber- und Sammlerobjekt werden lassen. Man wird ihr in absehbarer Zeit, und mit ihr auch dem Postboten, nur mehr in Archiven und Museen, in enger Nachbarschaft von Spinnrädern und Webstühlen, begegnen. Das ist ein guter und stichhaltiger Grund, dem interessanten, jedoch zeitlich begrenzten Leben dieses postalischen Beschleunigers nochmals jene Aufmerksamkeit zu widmen, die er derzeit verliert.

Postkarten sind, so die amtliche Kennzeichnung, „von der Post zur Vereinfachung und Abkürzung des brieflichen Verkehrs zugelassene offene Karten bestimmter Größe, die auf der rechten Hälfte der Vorderseite Raum zum Aufkleben der Postwertzeichen und für die Anschrift enthalten, während die linke Hälfte der Vorderseite und die Rückseite zu schriftlichen Mitteilungen benutzt werden können". BEETHOVEN hätte sich zu seiner Zeit dieses Kommunikationsmittels gerne bedient, da er seine Briefe bevorzugt mit dem Hinweis abschloss: „In Eil, Ihr Freund Beethoven". Ihm war es jedoch bedauerlicherweise nicht vergönnt, mit der Postkarte nähere Bekanntschaft zu schließen. Als „Correspondenzkarte" hat sie nämlich erst 1870 das reichsamtliche Licht der deutschen Postgeschichte erblickt. Kostenersparnis, Einfachheit und Zeitgewinn waren die bevorzugten Argumente, die ihr Erscheinen begleiteten. Der „Geheim expedierende Secretair Unger", wohnhaft zu Berlin, hat sie im *Archiv für Post und Telegraphie* (1881, Heft 12, S. 354) so gar nicht postkartengemäß ausführlich gewürdigt:

> *Mannigfach hat im Lauf der Zeiten die Form und das Material, auf dem man schrieb, gewechselt; immer aber tragen diese Äußerlichkeiten das charakteristische Gepräge des Kulturzustandes ihrer Epoche. Unser Zeitalter, welches mehr als alle früheren im brieflichen Verkehre*

Kürze, Raschheit und Einfachheit der Form erheischt, hat den Verkehrsmitteln als neuestes und bedeutsamstes die Postkarte hinzugefügt. Nur wenig mehr als ein Dezennium alt, hat dieses kleine Blatt im engeren wie im weiten Welt-Verkehr bereits eine außerordentliche Verbreitung erlangt.

Ihren schnellen, großen Erfolg hat sie, wie vieles andere auch, dem Alltagsbeschleuniger „Krieg" zu verdanken. Dies sieht auch der Herr Secretair UNGER so:

Die Einführung der Postkarte hatte gerade rechtzeitig stattgefunden, um, als im Juli der deutsch-französische Krieg entbrannte, sich als ein ganz unschätzbares Hilfsmittel zu erweisen, in bündiger und gedrängter Kürze briefliche Nachrichten von einem beginnenden Kampfe oder von einer glücklich überstandenen Schlacht in die Heimat gelangen zu lassen. Die Postkarten trugen wesentlich dazu bei, zwischen Volk und Heer den geistigen Zusammenhalt zu vermitteln. (...) Von der Feldpost wurde in der umfassendsten Weise Gebrauch gemacht. Auf rund 10 Millionen beziffert sich die Zahl der bis Ende Dezember 1870 an die Truppen und die Familienangehörigen in Deutschland abgesandten Karten. Jeder Postzug führte Massen von Postkarten mit sich, welche zum Teil auf den Schlachtfeldern auf den Rücken der Kameraden geschrieben worden waren, um den Angehörigen in der Heimat sogleich nach den gewaltigen Katastrophen die ersehnten Nachrichten über das Ergehen der Ihrigen zu bringen. Wie manche Träne der bangenden Ungewissheit ist in jener Zeit durch den Eingang einer Karte getrocknet worden; wie manche verzweifelnde Gattin hat durch sie Trost und Beruhigung erhalten! (S. 357 f.)

Es waren nicht nur die Absender und die Empfänger von Postkarten, die ihren Zeitspareffekt schätzten, auch die Zensurbehörde und die neugierigen, kontrollbeflissenen Vorgesetzten waren von der postalischen Innovation sehr angetan. Ein rascher Blick auf das Geschriebene, kein umständliches Verschließen, kein aufwändiges Öffnen der Korrespondenz wie beim Brief, und schon sahen sich die Befugten, aber auch so mancher Unbefugte, gut informiert. Als eine der ersten öffentlichen Formen privater schriftlicher Mitteilungen hat die Postkarte ein kreatives Spiel mit Diskretion und Indiskretion in Gang gesetzt.

45 Jahre nach ihrer Einführung, während des Ersten Weltkriegs, wurde sie als Feldpostkarte zum beliebtesten und schnellsten Kommunikationsmittel zwischen Front und Heimat. Neu war in dieser Zeit auch der umfangreiche Einsatz von Propagandapostkarten durch das Militär. Sie hatten in erster Linie der patriotischen und heroischen Aufrüstung zu dienen. Darüber hinaus jedoch wurden sie zur Desinformation des Feindes und zu dessen Demoralisierung eingesetzt. In manchem Trödelladen kann man noch Weihnachtspostkarten aus diesen wenig friedfertigen Zeiten finden, die kampfbereite Soldaten im Schutze vom Himmel einschwebender, Friede und Freude verkündender Engel, einschließlich beleuchtetem Weihnachtsbaum, abbilden. Kitsch, ehemals in großer Auflage und mit ebenso großer Breitenwirkung.

Zuallererst ist es ihr zeitökonomischer Vorteil beim Informationstransport, dem der Erfolg der Postkarte zuzuschreiben ist. Die rasche Niederschrift einer Nachricht, aber auch das hohe Tempo, mit dem die Empfänger die Nachricht zur Kenntnis nehmen konnten, machten die Postkarte vor 100 Jahren zum meistgenutzten Nachrichtenmedium. Sie stempelte das erheblich zeitaufwändigere Briefeschreiben zu einem Luxus von Müßiggängern ab. Auch war das Porto annähernd so billig wie die Botschaft kurz und die Nachricht schnell.

Die Postkarte lag voll im Trend des Zeitgeistes, der zu Anfang des 20. Jahrhunderts insbesondere die Mobilität, die Beschleunigung und die Vereinfachung feierte und prämierte. Für den kurzen Gruß, die relativ unverbindliche Mitteilung, zuweilen auf ein schlichtes Lebenszeichen des Absenders reduziert, genügte die Postkarte völlig. 1889 beschrieb GEORG STEINHAUSEN in seiner fakten- und lehrreichen Geschichte des deutschen Briefes diese Kommunikationsrevolution der „Postkarte“:

> *Eine rastlose Unruhe charakterisiert unser Leben. Und die rasch lebenden modernen Menschen – trotzdem oder weil so ungeheuer viel mehr korrespondiert wird – haben nicht Zeit und nicht Lust zu Briefen nach Art des vorigen Jahrhunderts.*

STEINHAUSEN nennt die entscheidenden Gründe, warum man vor 100 Jahren alles auf eine Karte setzte. Denn: Postkarte genügt! Immer mehr Menschen fehlte bereits damals die Zeit für ausführliche Berichte, detaillierte Schilderungen und wohlformulierte Grüße. Sie schrieben Postkarten. So wurde die Feldpostkarte in ihrer zivilisierten Form schließlich auch zu einem attraktiven, breit genutzten Medium der postalischen Alltagskorrespondenz.

Das hat sich heute geändert: In neuerer Zeit landen Postkarten, wenn überhaupt, fast ausschließlich nur noch als Ansichtskarten im Briefkasten. Sie sind auch heute noch relativ beliebte Kommunikationsmedien im Umfeld des Tourismusbetriebes. Selbst wenn, wie zu beobachten, Käufer und Absender von Ansichtskarten zunehmend älter werden, wissen sie, was sie der Karte schuldig sind. Keine umständlichen Erläuterungen über Orte, an denen man sich gerade befindet, fast immer reicht ein markanter Punkt auf der bebilderten Vorderseite, eventuell noch eine kurze Information übers Wetter. Alles Weitere ist für die Schreiber, aber auch für die Empfänger, lästig und überflüssig. Zeit haben weder die Urlauber – das dicht gedrängte Erlebnisprogramm will abgearbeitet werden – noch die daheim Gebliebenen. Vorgefertigte Adressenaufkleber im Gepäck entlasten zusätzlich in zeitlicher Hinsicht. Die vergeblich gegen die Bürotristesse ankämpfende Ansichtskartenwand der zu Hause gebliebenen Arbeitskollegen und -kolleginnen will gefüllt werden.

Die Grußpost-Ansichtskarte ist als bunter Begleiter des Massentourismus auch weiterhin beliebt. Sie hat ein langes Leben hinter sich. 1889 bereits mokierte sich die englische Zeitung *The Standard* über diese, anscheinend typisch deutsche, Leidenschaft der „Beziehungsarbeit":

> *Der reisende Teutone scheint es als seine feierliche Pflicht zu betrachten, von jeder Station seiner Reise eine Postkarte zu schicken, als befände er sich auf einer Schnitzeljagd. Seine erste Sorge, nachdem er ein einigermaßen bemerkenswertes Reiseziel erreicht hat, ist es, ein Gasthaus zu finden, wo er abwechselnd sein Bier trinkt und Postkarten adressiert. Manchmal kann man beobachten, wie sie sich während stundenlanger Eisenbahnfahrten hingebungsvoll dieser Aufgaben widmen. Fliegende Händler bedrängen den Touristen auf Berggipfeln und unter Ruinen im flachen Land, in Hotels, in Kaffeehäusern und sogar im Zug. (aus Glaser und Werner, S. 328)*

„Gruß aus...", gebrauchsfertig ausgedruckt – so etwas entlastet, zeitlich und argumentativ; und alle, eingeschlossen der Postbote, können sich mit raschem Blick ein anschauliches Bild vom Ferienort der Weitgereisten machen. Erklärungen, anschauliche Details sind überflüssig. Briefmarke genügt – und bitte nicht über die Linie schreiben.

Damit der Urlaub und der Ort, an dem man sich aufhält, auch möglichst bunt und abwechslungsreich daherkommen, findet man auf der Vorderseite der meisten Ansichtskarten eine größere Zahl von Bildern. Aber auch diese Buntheit rettet sie nicht vor ihrem absehbaren Ende. Die unsentimentalen Statistiker belegen es: Vor der Jahrtausendwende verkaufte der deutsche Marktführer jährlich noch 100 Millionen Ansichtskarten, neuerdings jedoch nur mehr 40 Millionen, und die Tendenz ist weiter rückläufig.

Die Krise der Ansichtskarte ist nicht, wie eventuell zu vermuten, auf den Sachverhalt zurückzuführen, dass die flächendeckende Versorgung mit Eiffeltürmen, Seufzerbrücken, Petersdomen, Brandenburger Toren, Neuschwansteins und Seehundebabys vom Nordseestrand inzwischen einen nachfragereduzierenden Sättigungsgrad erreicht hätte. Nein, sie hat andere Gründe.

Schneller, billiger, persönlicher und bequemer geschieht die Kurzmitteilung, mit und ohne Bilder, neuerdings per SMS und E-Mail. Der Trend zum papierlosen Fototransport wird demnächst zu weiteren Einbrüchen im einstmals florierenden Wirtschaftszweig der Postkartenproduktion führen. Der Adressat holt sich die „Message" vom virtuellen Postamt – „Server" genannt – jederzeit und sofort. Kein Postbote liest mehr mit – arme Postboten! Die Information muss heute bei ihrem Transport aufs menschliche Tempo keine Rücksicht mehr nehmen. Im Wirbel von fixen Kontakten und legeren Formen (Schreibfehler: Nebensache!), im Strudel eines Informationstransports, dessen Geschwindigkeit gegen null tendiert, geht die Postkarte endgültig unter.

Absender und Empfänger sind längst vergleichzeitigt. Die Räume und die Zeiten des „Dazwischen" werden eliminiert. Mit ihnen verschwindet schließlich auch jene erwartungsvolle Aufregung, die das Klappern des Briefkastens oder das Klingeln des Postboten bei Hoffenden und Sehnsüchtigen einstmals in Gang zu setzen vermochte.

Längst hat sich der zum Postkartengruß reduzierte rationelle Zeitgeist von 1870 selbst überholt. Die Welt ist schneller geworden. Deren Bewohner wollen und müssen fixer sein, auch dann, wenn's darauf eigentlich nicht ankommt. Mit der SMS-Nachricht und dem Mail-Verkehr ist inzwischen die Lichtgeschwindigkeit erreicht, ohne dass damit ein Ende des Beschleunigungsdrucks sicht- und spürbar wäre. Der Prozess der Tempomaximierung, der von der Postkarte zur Mail-Korrespondenz führte, kann auch heute noch nicht als abgeschlossen angesehen werden.

Die über 100-jährige Postkartengeschichte lässt sich als Erfolgs-, aber auch als Verfallsgeschichte beschreiben. Sie ist beides. Ein kulturkritischer Autor hat sich bereits 1897 bemüßigt gesehen, sie von einer kulturellen Verfallsperspektive her zu schildern. Er erklärte die Ansichtskarte kurzerhand zu einer Landplage:

> *Da haben wir die Bescherung: Zu den sechs Plagen des 19. Jahrhunderts: Militarismus – Grippe – Sozialismus – Fahrradfahren – Trinkgeldgeben und Modezeitschriften ist glücklich die siebte gekommen, die Ansichtskarte … (aus Weidmann)*

Wenn der Autor inzwischen nicht gestorben wäre, dann hätte er heute allen Grund, glücklich zu sein.

Beschleunigte Hochkultur

Vom Aufzug zum Lift

Der Himmel ist oben, die Hölle tief unten. So wird es unseren Kleinen im Kindergarten, spätestens aber in der Grundschule beigebracht. Immer war es so, und das wird sich auch nicht so bald ändern, zumindest nicht in den Vorstellungen der christlich geprägten Welt. Die vertikale Anordnung von Gut und Böse hat ihre biblische Korrespondenz in Jakobs Traum von der Himmelsleiter. Den regen Austauschverkehr zwischen der irdischen und der himmlischen Welt übernahmen dort die Engel. Jakobs Vision hatte für die Menschen einstmals eine hohe Anziehungskraft. Sie entsprach ihrem Weltbild und ihren Sehnsüchten. Davon künden herrliche Darstellungen und Abbildungen in der frühchristlichen Kult- und Kunstgeschichte.

Heute, da im christlichen Abendland eine Mehrheit im Himmel den Aufenthaltsort der Spatzen und nicht mehr den Gottes vermutet, benötigt man keine Leitern mehr, um in wolkige Höhen zu gelangen. Auch sehen die zwischen dem Oben und dem Unten hin und her pendelnden Boten inzwischen anders aus. Den Vertikaltransport erledigen, so weit er noch human ist, inzwischen Briefträger, Paketboten und sonstige menschliche und mechanische Lastenträger. Nicht zuletzt deshalb gelingt es heute auch nur mehr theologisch aus- oder vorgebildeten Personen, den Symbolgehalt von Jakobs Traum angemessen zu deuten. Die Mehrheit kann weder mit dem schönen Traumbild noch mit dem Begriff der „Jakobsleiter“ etwas anfangen. Er ist ihr, wenn überhaupt, nur aus der Botanik bekannt, wo er die volkstümliche Bezeichnung für eine blau blühende Gartenpflanze ist.

Die Himmelfahrten der Moderne geschehen heute sprossen- und in den allermeisten Fällen auch stufenlos. Sie sind bequemer, weniger kraftaufwändig und auch erheblich schneller. Wir nennen das einen „Fortschritt“, obgleich es der „Schritt“ ist, der abgeschafft und durch die „Fortfahrt“ ersetzt wurde.

Fordert man Personen auf, die wichtigsten Etappen der Beschleunigungsgeschichte zu nennen, dann fallen diesen fast immer nur jene Transportmittel ein, die das Tempo in horizontaler Richtung gesteigert haben. Ignoriert, unterschlagen oder auch schlichtweg vergessen werden meist jene Errungenschaften, die die Fahrt in die Höhe und in die Tiefe beschleunigten. Die weltliche Himmelfahrt aber hat die Gesellschaft und die Menschen in ähnlich großem Umfang verändert wie die zur Bodenhaftung verurteilten Transportmittel Eisenbahn und Auto. Dank mechanischer, hydraulischer und schließlich auch elektrischer „Himmelsleitern" ist es den Erdbewohnern inzwischen möglich, nach einem ersten gottgefälligen Versuch bei christlichen Kultbauwerken (Kathedralen), die Höhe für ihre irdischen Zwecke zu erobern. Dieser moderne zweite Anlauf geschah in allererster Linie im Interesse von Banken und Versicherungen und nicht, wie 500 Jahre davor, um Gottes Herrlichkeit zu loben. Die einflussreichen Repräsentanten des Zeit-ist-Geld-Kultes machten sich gegen Ende des 19. Jahrhunderts auf, mit dem Bau ihrer „Kathedralen des Kommerzes" an den Wolken des Himmels zu kratzen. Dabei sollte der Weg von unten nach oben, und ebenso der von dort zurück, so verlangt es die Zeitspar-Religion der Investoren, möglichst rasch geschehen. Treppen, Stiegen, Sprossen sind dazu ungeeignet. Sie sind zu langsam. Mehr Geschwindigkeit versprachen mechanische Hilfsmittel.

Daher richteten die Transporttechniker, nachdem sie in der Horizontalen für mehr Tempo gesorgt hatten, ihren Blick auch auf die Senkrechtfahrt. Sie konnten sich dabei auf Vorläuferstudien, z. B. die aus dem 17. Jahrhundert stammende Anleitung zum Bau eines „Fliegenden Stuhls", stützen, aber auch auf mechanische Hebevorrichtungen zwischen Küche und Speisesaal in einigen Schlossbauten des 17./18. Jahrhunderts. Ende des 19. Jahrhunderts galt es, jetzt mit ökonomischem Rückenwind, die Aufgabe zu lösen, die Schwerkraft über größere Höhen zu überwinden und die Senkrechte verkehrsmäßig zu erschließen. Dieses Beschleunigungsprogramm wurde nicht, wie bei der Eisenbahn, auf Schienen gesetzt, es hing vielmehr am Seil. Dabei ging es schnell und schneller. Die vertikale Transporttechnik, im bürokratischen Sprachgebrauch „Aufzugsanlage", beschleunigte sich vom „Fahrstuhl" über den „Aufzug" zum „Lift". Lässt der Fahrstuhl noch etwas Behäbiges, Gemächliches vermuten, so repräsentiert der „Lift" bereits die Hast einer atemlosen Gesellschaft.

Anfänglich waren es religiöse Gründe, technische Neugier und imperiales Repräsentationsbedürfnis, was die Menschen bewegte, die dritte Dimension zu erobern. Seit etwa 100 Jahren sind es primär Profit- und Rentabilitätserwägungen, insbesondere in den kapitalisierten Regionen dieser Welt, die dazu führten, dass nach der Horizontalen schließlich auch die Vertikale für den Wirtschaftskreislauf nutzbar gemacht wurde. Die Perfektionierung der Aufzugstechnik war dazu eine unverzichtbare Voraussetzung. Als Erstes entwickelte sich in den USA eine „Kultur" der stationären Luftfahrt. Dort gelang es, die senkrechten Verkehrswege nicht nur weniger holprig, sondern auch erheblich schneller zu machen. Inzwischen katapultieren die unterschiedlichsten Liftformen ihre Passagiere in Rekordgeschwindigkeit ins vertikal verlängerte Irdische. Die am Boden gültigen Gesetze der Beschleunigung scheinen mit fast naturgesetzlicher Zwangsläufigkeit auch die Wolken und den Weg dorthin zu erobern. Nicht mehr die spirituelle Elevation zum Sitz der Götter ist das erstrebenswerte Ziel, es sind die Büros von Bankvorständen, Versicherungsagenten und die Arbeitsplätze ihrer Angestellten. Manchmal auch ist es nur eine schöne Aussicht vom „Skygarden", die die Fahrt nach oben interessant und lohnenswert macht.

Es ist die Sehnsucht nach dem Überblick, die die Menschen dorthin treibt, wo sie sich auf Abstand „zu denen da unten" fühlen und ihren Horizont glauben erweitern zu können. Robert Walser hat solcher Aufstiegsmotivation das ironische Prädikat der „Lorbeerkranzbedürftigkeit" verliehen. Für ihn bleibt das Bemühen vergeblich, durch Gewinn an Höhe im Leben weiterzukommen: „Dieses leere Steigen von Stufe zu Stufe ist kein gerechter, ehrenwerter Grund und Boden". Mit dem Emporkommen ist seiner Meinung nach die Zerflatterung, die Zerklüftung und die Zerfaserung verbunden. „Da hoch oben, da ist nichts mehr. Den oberen Regionen ist sonderbarerweise die Entfaltung untersagt." (WALSER, S. 28, 120)

Auch GOETHE, ein Begeisterter des Über-Blicks, hat auf die Tücken und Gefahren der Höhe aufmerksam gemacht. „Besonders aber ängstigte mich ein Schwindel, der mich jedes Mal befiel, wenn ich von einer Höhe herunterblickte." Mit dem Aufstieg, und das ist nicht nur physiologisch zu verstehen, wächst auch die Gefahr des Schwindels. Nicht zuletzt, weil man sich von den Fundamenten des Lebens entfernt.

Die Fahrt mit dem Aufzug, diese „schöne Idee, um nach oben zu kommen", wie sie in Werbeprospekten euphorisch beschrieben wird, ist den Menschen, und GOETHE ist ein gutes Beispiel, nicht allzu geheuer. Der humane Organismus scheint nur in eingeschränktem Maß für den Vertikaltransport geeignet zu sein. Die bereits einige Jahre vor der Luftfahrt erfundene Liftfahrt wird daher als eine wenig „menschengerechte" Form der Beförderung erfahren. Dies belegt u. a. die Ungeduld, die die Mitfahrenden dann befällt, wenn der Lift nicht rasch genug auf einen Knopfdruck reagiert. Gesteigerte Nervosität stellt sich auch dort ein, wo sich am Ziel die Türe nicht rasch genug öffnet. Wird die Vertikalfahrt schließlich auch noch von dubiosen, nicht lokalisierbaren Geräuschen begleitet, dann tritt so manchem Passagier der Angstschweiß auf die Stirn. Da helfen auch Schilder, wie sie der Autor in Aufzügen in Wien entdeckte, recht wenig: „Haben Sie Geduld! Ihnen kann nichts geschehen." Auffälligstes Zeichen für das verbreitete Unwohlsein beim Höhenflug in die dritte Dimension jedoch sind die Abnutzungserscheinungen jenes Druckknopfes, der fürs Schließen und Öffnen der Aufzugstüre verantwortlich ist.

Die verbreiteten Fluchttendenzen finden ihre Erklärung zuallererst in der raum-zeitlichen Desorientierung der Mitfahrenden während ihres fensterlosen Senkrechttransports. Der Wunsch der Passagiere, den Trip in die Vertikale stärker als vorgesehen zu beschleunigen, um ihn schneller zu beenden, hat in solcher Orientierungslosigkeit seine Ursache. Verständlich wird dann auch die auffällige Hast, mit der viele Mitfahrende sogleich nach Öffnung der Fahrstuhltür die Liftkabine verlassen. Daran ändert auch der relativ große technische Aufwand nichts, den Techniker und Psychologen heute betreiben, um die Liftfahrt entspannter und angstfreier vonstatten gehen zu lassen.

Wo Zeit in Geld verrechnet wird, sollen und müssen Höhenflüge schnell und wenn möglich noch schneller geschehen. Auch aus diesem Grund sind sie nicht lange auszuhalten. Man betritt den Lift mit dem Ziel, ihn möglichst rasch wieder zu verlassen. Der Weg nach oben, ob auf der Karriereleiter oder im Wolkenkratzer, verträgt keinen Zeitverlust. Auch der nach unten soll möglichst fix erfolgen. Daher würde ein „Verkehrswegebeschleunigungsgesetz", wie die deutschen Abgeordneten es für den Horizontaltransport verabschiedet haben, auch für den Senkrechtverkehr mit großer Wahrscheinlichkeit eine parlamentarische Mehrheit finden. Mehr Schnelligkeit, und dies gilt generell, lässt sich jedoch nur um den Preis größerer Unsicherheit und Einsamkeit erzielen. Die Wortlosigkeit der meist verlegen auf den Boden blickenden, „eingesperrten" Mitfahrer spricht diesbezüglich eine deutliche Sprache. Gegen den „Geisterbahn-Effekt" helfen weder verspiegelte Wände, die das Raumempfinden durch simulierte Weite angstfreier machen sollen, noch entlasten akustische Beschallungen. Von den Spiegeln kommt bekanntermaßen nur der eigene ängstliche Gesichtsausdruck und darüber hinaus der von bangen Mitfahrern zurück. Die nicht bestellte Musikberieselung vermag aus Gründen der Qualität meist auch nur das bereits vorhandene Unwohlsein zu verstärken.

Bedauerlicherweise ist der zur Bedienung und zur Beruhigung der Passagiere gleichermaßen nützliche Liftboy im „Coupé der Senkrechten" inzwischen umfangreichen Rationalisierungsmaßnahmen zum Opfer gefallen. Ihm begegnet man nur mehr in älteren Hollywoodfilmen. Himmelfahrten geschehen seitdem selbstbestimmt und selbstgesteuert. Nicht alle Passagiere genießen das als neue Freiheit. So muss es auch nicht verwundern, wenn sich bei der Höheneroberung mehr oder weniger berechtigte Zweifel einstellen, ob man vielleicht doch nicht, wie angekündigt, zu den Sternen unterwegs ist, sondern sich eher auf dem Weg zur Hölle befindet. Da bieten auch die Statistiker wenig Entlastung, wenn sie Beweise vorlegen, dass die Fahrt mit dem Lift weniger gefährlich sei als der Aufstieg über die Treppe.

Vielleicht hätten wir es ja, wie Jakob, bei dem Traum des Senkrechttransports belassen sollen. Die Modernisierung der Himmelsleiter hat uns zwar größeren Wohlstand beschert, sie hat aber auch unsere Ängste vermehrt. Himmlisches wurde von den vielen, die vom Höhentrip zur Erde zurückgekehrt sind, nur selten berichtet, selbst nicht von jenen, die ihre Höhenflüge im „Paternoster" zurücklegten. Dies gilt auch für die vielen Touristen, die sich in die Kuppel des Petersdomes liften lassen. Zumindest im Vatikan hätte man dafür eine Leiter erwartet; aber auch Päpste sind gezwungen, mit der Zeit zu gehen – manchmal auch: zu fahren.

Sicher ist, dass die Eroberung der dritten Dimension, die sich über die drei Beschleunigungsphasen, vom Fahrstuhl über den Aufzug zum Lift, vollzog, die Menschen zu neuen Dimensionen der Technik, der Zivilisation und der Wahrnehmung katapultiert hat. Mehr Gelassen- und mehr Zufriedenheit hat sie hingegen nicht gebracht. In ihrer Dynamik spiegeln sich die Bewegungen und die Gesetze der Beschleunigung einer Gesellschaft, die die Reise durch den Transport ersetzt hat und dies als „Fortschritt" feiert. Heute wissen wir, weil wir es seit 100 Jahren erfahren können, dass nicht alles Gute von oben kommt. Zumindest können wir es nicht von denjenigen erwarten, die mit Hochgeschwindigkeit vom Höhenflug auf den Boden der irdischen Realitäten zurückkehren.

Glücklich aber können sich all jene schätzen, denen bei ihren vertikalen Exkursionen die Erkenntnis zuteil wurde, dass sich das „Liften" nicht immer und überall lohnt.

Zeitbeherrschung am Menschen

Das Klistier

„Zwei bis drei Klistiere kann man an einem Tag setzen, leichtlich nicht mehr, und müssen wenigstens zwischen jedem vier Stunden Zeit gelassen werden.“ Das ist eine erstaunliche Empfehlung, die man da im 1733 erschienenen sechsten Band von Zedlers verbreitetem Universallexikon entdecken kann. Klistiere scheinen früher eine Wertschätzung genossen zu haben, die heute nur mehr schwerlich nachvollziehbar ist. Bereits die Tatsache, dass der „Zedler“ dem Begriff des „Klistiers“ 15 lange Spalten widmet, spricht für diese Einschätzung. Das dort Geschriebene verrät darüber hinaus, dass das Klistier im 17./18. Jahrhundert nicht ausschließlich, wie in der klassischen Medizin, als probates Mittel für Heilungsprozesse eingesetzt wurde. Es war sozial „aufgeladen“. Es diente zur Demonstration des Willens und der Fähigkeit zu systematischer Zeitkontrolle am eigenen Körper. Der absolutistische Hof beanspruchte nicht nur die Macht über Land und Leute, er tat dies auch im Hinblick auf die Natur. In diesem Zusammenhang wurde schließlich auch die Natur des menschlichen Körpers zum Objekt rationaler Beeinflussung und Steuerung.

In der Umgebung Ludwigs des XIII. und Ludwigs des XIV. war daher die Klistierspritze ein häufig eingesetzter Gegenstand. Die Damen des Hofstaates, die Mätressen der Könige, ließen sich regelmäßig, bis zu viermal am Tag, Klistiere setzen. Sie füllten diese mit wohlriechendem Orangenblütenwasser, mit Rosenblütenessenzen und Duftölen der unterschiedlichsten Art. Die täglich mehrmals wiederholte Beschleunigungsprozedur ließen sie in der Hoffnung über sich ergehen, dass sie sich vorteilhaft auf ihre Attraktivität, insbesondere auf ihr Aussehen, auswirken würde. Daher liegt es nahe, in der heute eher als lästig empfundenen Manipulation am eigenen Körper eine Fortschreibung des seit dem Mittelalter bekannten „Jungbrunnenmythos“ zu sehen. Dieses naiv und seltsam anmutende frühmoderne Anti-Aging-Programm war jedoch raffinierter und paradoxer als das vorangegangene mittelalterliche. Die Klistierspritze wurde von den Damen des Hofes eingesetzt, um den Verdauungsprozess zu beschleunigen, jedoch mit dem Ziel, den Prozess des Alterns hierdurch zu verlangsamen. Der Einsatz des Klistiers zu Zeiten des Absolutismus kann daher als eine relativ frühe, zweifelsohne etwas aufwändige Form einer paradoxen Intervention gedeutet werden.

Zentraler, und für die Zivilisationsgeschichte auch erheblich folgenreicher, war jedoch das demonstrative Signal, sich mithilfe des Klistiers die eigene innere Natur gefügig machen zu können. In erster Linie ging es dabei um zeitökonomische Kontrolle und Manipulation. Man hat daher gute Gründe für die Behauptung, dass bereits im 17. Jahrhundert eine Entwicklung in Gang gesetzt wurde, die heute mit Medikamenten, Kosmetika und chirurgischen Eingriffen perfektioniert wird. Seit längerer Zeit bereits verlassen sich die mehr oder weniger aufgeklärten Mitteleuropäer bei ihrem Bemühen, den eigenen Körper und dessen Zeiten „in den Griff" zu bekommen, nicht mehr auf die Klistierspritze. Die Jungbrunnenhoffnungen und Kontrollphantasien sind dabei jedoch nicht mit den Königshäusern untergegangen. In den Fitnesscentern, den Kosmetiksalons und auf den Operationstischen versucht man sie derzeit so extensiv wie nie zuvor zu verwirklichen.

Das, was man sich ehemals vom Einsatz der Klistierspritze versprochen hatte, scheint zumindest oberflächlich auch eingelöst worden zu sein. Der schöne Schein der französischen Hofdamen muss so überzeugend gewesen sein, dass überall in Europa, an den Höfen genauso wie in den Häusern vieler wohlhabender Bürger und Bürgerinnen, eine wahre „Klistierwelle" ausbrach. Klistieren wurde zum demonstrativen Ritual der Zugehörigkeit zur vornehmen Welt.

Einen solchen Erfolg konnten die Männer selbstverständlich nicht ihren ehrgeizigen Damen alleine überlassen. Auch sie kultivierten die Manie des selbstbestimmten Durchfalls. Nach überlieferten, glaubhaften Berichten soll es Ludwig XIV. im Laufe seiner Regentschaft auf etwa 2000 Klistiere gebracht haben. Die regelmäßige Darmspülung wurde zum festen Bestandteil der Staatsgeschäfte. Dem konnte sogar MOLIÈRE, der mit Abstand intelligenteste Spötter der grassierenden „Klistieromanie", nicht Einhalt gebieten. In mehreren seiner Theaterstücke, besonders direkt im *Eingebildeten Kranken*, amüsiert er sich und die Zuschauer über den exzessiven Einsatz der Klistierspritze.

Die Klistieromanie des Sonnenkönigs und die seines Vorgängers sind als deutliches Zeichen an ihre Untertanen zu verstehen, den absoluten Anspruch des Königs auf umfassende Herrschaft, eingeschlossen die Natur und der eigene Leib, anzuerkennen. Wer wilde Tiere zähmen kann, wer – wie es die Gärten von Versailles heute noch zeigen – die äußere Natur nach eigenem Gutdünken zu gestalten vermag, der kann auch seine innere Natur kontrollieren und sie seinem Willen unterwerfen. Die Integration des Klistiers in die Formensprache des Hofes transformierte die systematische Naturbeherrschung, die Zeitkontrolle am Körper, in ein kommunizierbares Politikum. Der Souveränitätsanspruch des Monarchen schloss die Verdauung ein. Der „homme machine" wurde zum Vorbild für die Untertanen. Alles Natürliche, so die Botschaft des Klistiers, muss menschlicher Herrschaft unterworfen werden, um es verwaltender und gestaltender Instrumentierung zugänglich zu machen. Fortan nähert man sich der Natur, der inneren und der äußeren, als veränderungs- und kontrollbereiter Manipulator, als herrschaftssichernder Ingenieur. Die Fähigkeit dazu erwirbt man durch den Kampf gegen das Chaos und gegen die Unbotmäßigkeiten aller leiblichen Dynamiken. Der Körper wird zu einem Gegenstand gemacht, den man besitzen und dem man den eigenen Willen aufdrängen kann, soll und muss. Die Verdauung wird zum Objekt von Herrschaft, zum Rohmaterial willentlicher Beeinflussung und Verfeinerung. Es sind dabei die gleichen Prinzipien anzuwenden, mit denen man sich die Menschen und die äußere Natur zu eigen macht. Deshalb auch ist es nahe liegend, dass die Machthaber des 16./17. Jahrhunderts, die großen Staatsdenker lieferten ihnen die Argumente, im geregelten Gang der Uhr das geeignetste und vollkommenste, weil menschengemachte Vorbild für ein reibungsloses Funktionieren ihres Gemeinwesens sahen.

Hobbes vergleicht in seinem Hauptwerk *De cive* (1642) das Ineinandergreifen der staatsbürgerlichen Rechte und Pflichten in enger Anlehnung an das Funktionieren eines Uhrwerkes. Von Friedrich dem Grossen wissen wir, dass er sich zu jeder Gelegenheit der Uhren-Symbolik bediente, sich daran orientierte und seine Regierungsgeschäfte entsprechend organisierte. Die Rationalität der Uhr, die Ordnung des taktmäßigen Fortschreitens der Zeiger und das reibungslose Ineinandergreifen der Zahnräder wurde zum ordnungspolitischen Programm des Absolutismus und später auch zu dem der Aufklärung. Das mechanistische Vor-Bild war auf ein reibungsloses Funktionieren der sozialen Welt und auf die natürlichen Abläufe im Menschen und in dessen Umgebung ausgerichtet. Das Klistier stellte in diesem Kontext einen wichtigen, jedoch zeitlich begrenzten Mosaikstein dar.

Zu Beginn der Industrialisierung vollendeten dann rigide Erziehungsprogramme die „umfassende Veruhrzeitlichung" der menschlichen Natur. Das Subjekt, so zeigen es Schautafeln, die noch ab und zu in älteren Schulkabinetten zu finden sind, wird zum „Industriepalast". Klistiere sind dafür nicht mehr notwendig – sie haben aber den Weg zu diesem modernen „Ideal" geebnet.

Konnte ein (von Aldo Buzzi zitierter) vormoderner Anonymus noch behaupten: „Essen ist menschlich, verdauen aber göttlich", so hatte der französische Hof damit begonnen, den lieben Gott dadurch zu enteignen, dass er den Verdauungsprozess zu einer von Menschen steuerbaren Aktivität gemacht hat. Bis heute ist sie das geblieben. Mehr denn je richtet sich die Sorge der Menschen auf diesen Vorgang. Die Klistierspritze hat dabei jedoch weitgehend ausgedient. Sie wurde durch ein breites Angebot an Digestiva ersetzt.

Jenes Programm, das mit der Klistieromanie im 17. Jahrhundert begann, hat heute seine Modernisierung im Selbstzwang zu umfassendem Zeitmanagement gefunden. Das Zeitmanagement perfektioniert die Veruhrzeitlichung des Selbst. Sieht man aber genauer hin, dann ist relativ rasch erkennbar, dass es bis heute nicht gelungen ist, sich wirklich von den klistierfreudigen Zeiten zu lösen. Die große Zahl von Abführtabletten, die viele mobile Existenzen in mehr oder weniger diskreter Form begleiten, lassen befürchten, dass die „Klistieromanie" jederzeit wieder ausbrechen kann.

... Der Alltag macht weiter / die Probleme und
Zwänge / der Verkehr in den Straßen /
die Einsamkeit in der Menge / die glücklichen
Stunden / Phantasien und Pläne /
Planten und Blomen / Enten und Schwäne /
Alles macht weiter wie bisher /
die Zeit vergeht und steht doch still. ...

Rolf Dieter Brinkmann

Neue Zeiten – neue Helden

Die Teebeutel, das Tempo-Taschentuch, der Reißverschluss, der Suppenwürfel, die Fernsteuerung – sie alle, aber auch noch einige andere, sind die wahren Helden unseres modernisierten Alltags. Es sind stille Helden der Arbeit, des Vergnügens, der Kommunikation, des Geschmacks. Ihnen werden keine Orden verliehen, schmeichelhafte Reden und anbiedernde Ehrungen werden ihnen auch verweigert. Allein ihre breite Akzeptanz und ihre erstaunlichen Umsatzzahlen machen sie auffällig. Die im vorhergehenden Abschnitt ins Rampenlicht gezerrten kleinen Heroen des Alltags kämpfen nicht, wie Westernhelden, für das Gute in dieser Welt, sie legen sich mehr fürs Flotte, fürs Schnelle und Eilige ins Zeug. Sie tun, was in dieser Hochgeschwindigkeitsgesellschaft getan werden muss, verlangen von ihren Nutzern, Konsumenten und Bedienern stille Unterordnung und erheben Anspruch auf umfassenden Gehorsam. Lieben muss man sie nicht, aber achten sollten wir sie schon.

Denn Helden, insbesondere die unauffälligen, verändern die Welt – und dies meist unauffällig. Lebensformen, Sozialcharaktere, Erfolgsmöglichkeiten, Handlungsqualitäten entwickeln sie in neue Richtungen, ohne dass dafür Instanzen, Personen oder Organisationen verantwortlich gemacht werden könnten. Veränderte Formen des Arbeitens, des Lernens, des Vergnügens, des Konsums und des Entspannens sind die Resultate. Diese werden im nächsten Abschnitt zum Thema. Er handelt von den Effekten, von den Folgen und Nebenfolgen unserer unauffälligen Heldenverehrung.

Der Simultant

Ach, Sie wissen gar nicht was das ist, ein „Simultant“? Kein Problem, „Simultanten“ sind menschgewordene Computermäuse, die sich die Freiheit nehmen, überall und allzeit erreichbar zu sein, die sich im Internet besser zurechtfinden als in ihrem eigenen Stadtteil und die die Zeiteinteilung der Woche, des Monats und des Jahres für ein rasch abzuschaffendes bürokratisches Hindernis und ein überflüssiges, folkloristisches Brimborium halten. Simultanten sind Beschleuniger. Sie nehmen Teebeutel für ihr Frühstücksgetränk, trinken zwei bis drei, manchmal auch vier Espressi am Tag und genehmigen sich auf dem Heimweg vom Büro beim Italiener an der Ecke noch ein bis zwei Glas Prosecco. Dem zu langsamen Lift, der jeden Morgen auf den Weg ins Büro nicht dort ist, wo man ihn braucht, gilt der erste Ärger des Tages und der zweite dem vergeblichen Bemühen, in der Aufzugskabine ein Telefongespräch führen zu können. Der Simultant ist eine Symbiose mit der Fernbedienung eingegangen, und wenn er die andere Hand gerade mal frei hat, nutzt er sie fürs Fingerfood, denn essen muss auch er – leider. Sein Lebensprinzip ist allseitige Zeitmaximierung. Glücklich ist er dann, wenn er das Gefühl hat, ein Leben ohne Zeitverlust führen zu können.

Die radikale Modernisierung und Neumöbilierung unserer Lebenswelt, der Sturmlauf der Computer, Mobiltelefone und Fernbedienungen in den Büros und Wohnzimmern, hat die Welt zu einer freigeschalteten, drahtlos schnellen Welt gemacht. Paralleltätigkeiten, Multitasking, Vergleichzeitigung sind zu attraktiven Etiketten des Zeitgeistes geworden. Der Tribut, den wir dafür entrichten, heißt Zeitnot. Wer sich weigert, mitzumachen, wer nicht mitkommt, hat seine Chance, ein Leben auf der Erfolgsspur führen zu dürfen, in fahrlässiger Art und Weise verspielt.

Die zeitlich verdichtete Bürokultur dieser Tage fordert und fördert Arbeitskräfte, die umstandslos telefonieren, gleichzeitig die eingehenden Mails lesen und dabei nebenher auch noch den

Drucker füttern können. Darüber hinaus belohnt sie Personen, die in ihrem privaten Umfeld, auch während des Abendessens, im Internet surfen, sich dabei um ihre Kinder kümmern und parallel noch die eine oder andere Radiosendung verfolgen. Simultanten erkennt man daran, dass sie bei ihren täglichen Trips durch die elektronische Welt, mit anrufbereitem Mobiltelefon, mit Laptop, Walkman und Büro in der Westentasche in Hochgeschwindigkeitszüge und Flugzeuge steigen und sich während ihrer mobilen Büroarbeit vom Servicepersonal ein opulentes Frühstück servieren lassen. Simultanten sind Multijobber, allzeit und überall.[4]

Die vergleichzeitigte Abwicklung mehrerer Aktivitäten ist als Einzelphänomen, wie man an CAESAR sehen kann, nichts grundlegend Neues. Bereits seit längerer Zeit wird die Simultaneität von Essen und Arbeiten praktiziert – von der Stulle am Schreibtisch bis zum üppigen Sechs-Gänge-Menü mit ausgewählten Top-Kunden und Vorstandskollegen. Schon früher haben Mütter während der Hausarbeit ihre Kinder gestillt, sie im Auge behalten oder anderweitig versorgt, dabei Radiosendungen verfolgt und sich darüber hinaus noch um die nächste Mahlzeit gekümmert.

In neuester Zeit hat die zeitverdichtende Aktivitätsvielfalt jedoch einen erheblich breiteren und auffälligeren Öffentlichkeitscharakter erlangt. Sie ist inzwischen unübersehbar, und nicht wenige Menschen bekommen sie auch zu spüren. Man begegnet Simultanten, die mit 150 Stundenkilometern am Steuer ihrer Automobile lang anhaltende Telefongespräche führen, andere, die beim Einkaufen, im Zug, am Badestrand und manchmal auch beim Mittagessen Geschäfte tätigen, die sie dann bei einer Tasse Kaffee wieder rückgängig machen, und schließlich auch noch solche, die an Stehtischen ihre Laptops füttern, dabei wahlweise Prosecco oder Espresso zu sich neh-

---

4 Bereits den Römern scheint dieses Phänomen nicht unbekannt gewesen zu sein. Die Lektüre des *Gallischen Krieges* belegt es: „Caesari omnia uno tempore erant agenda“ (Caesar musste alles gleichzeitig tun). Geändert hat sich heute trotzdem viel – alle Personen müssen heute „alles gleichzeitig tun“. Der Simultant ist demokratisiert.

men und seichte Gespräche mit ihren Tischnachbarn führen. Niemals zuvor in der Geschichte wurde so offensichtlich und so augenfällig, dass der Mensch nicht nur ein tätiges, sondern auch ein nebentätiges Wesen ist.

Die Mehrfachtätigkeit, das Multitasking, ist auf dem besten Weg, zum charakteristischen Epochenmerkmal zu werden. Paralleltätigkeiten haben flächendeckend Einzug gehalten, in die Esskultur ebenso wie in den Freizeitsektor, den Gesundheitsbereich und selbstverständlich auch im Straßenverkehr. Am umfangreichsten jedoch eroberte das Multitasking die Arbeitswelt. Aber auch in den Entspannungs- und Erholungslandschaften, die sich heute gerne als „Wellnesscenter" präsentieren, gehören die vielen Angebote der Erlebnisverdichtung zum aufdringlichen Konkurrenzprofil. Gleichzeitig ist man heutzutage an- und abwesend, gleichzeitig ist man hier und dort, allein und doch irgendwie immerzu auch in Gesellschaft.

Diesem Vergleichzeitigungstrend hat auch das Hörbuch seine Blitzkarriere zu verdanken. Es gehört zu den postmodernen Helden der Vergleichzeitigung. Beim Lesen eines Buches war der bemitleidenswerte Vorgänger eines Simultanten in den meisten Fällen noch an einen Sitzplatz gebunden. Er musste sich auf die Zeilen und Buchstaben konzentrieren und konnte die Hände zu nichts Weiterem als zum Festhalten des Buches und zum Umblättern der Seiten benutzen. Das erlebt der Homo simultans als untragbaren Zustand der Freiheitsberaubung. Hörbücher vermeiden diese Zumutung. Sie eröffnen völlig neue Verhaltensspielräume, die es Simultanten und Simultantinnen ermöglichen, literarischen Genuss mit Hausarbeiten aller Art, mit dem Bügeln, dem Zusammenschrauben von Möbeln oder der Zubereitung des Abendessens zu kombinieren.

Eine ganz ähnliche Form der Daseinsoptimierung erlebt man auch dort, wo sich die Vergleichzeitiger bei der Befriedigung ihrer Hungerbedürfnisse fürs „Fingerfood" entscheiden. Diese besteckklose Nahrungsmittelzufuhr erlaubt es, kauender-, mampfender- und mümmelnderweise Zeitung zu lesen, E-Mails zu verschicken, den Rasen zu sprengen oder durchs

Fernsehprogramm zu zappen. Ganz ähnlich verläuft der ferngesteuerte, endlose Medienkonsum. Dank einer einzigen Fernbedienung lassen sich inzwischen vier und mehr Fernsehprogramme mit nur zwei Augen gleichzeitig verfolgen. Spätabends aber sehen sich Simultanten zur Entscheidung gezwungen, eines der vielen Programmangebote zum Einschlafen auszusuchen. Wer hingegen wach bleibt, und das tun nicht wenige, kann bei den unterschiedlichen Nachrichtensendern ein Nonstop-Trainingsprogramm zur Entwicklung von Vergleichzeitigungskompetenz absolvieren und dabei parallel die Reste der mikrowellenerwärmten Tiefkühlpizza vom Vortag verzehren. Zwei schnell laufende Infobänder verfolgen und simultan der Nachrichtensprecherin zuhören zu können, das gehört inzwischen zur erwartbaren Basisausstattung von Zeitverdichtern. Währenddessen sind die vielen Meister der Multiaktivität angehalten, möglichst immerzu online zu bleiben, den Piepton gerade eingegangener Mails nicht zu überhören und zusätzlich noch die telefonische Erreichbarkeit durchs funktionsbereite Mobiltelefon abzusichern. Welche der massenweise ankommenden Nachrichten eigentlich privater, welche beruflicher Art sind, das lässt sich, wenn überhaupt, nur noch mit einem kaum mehr abrufbaren Aufwand an Trennungsenergie feststellen.

So nebenbei macht das auch offensichtlich, dass der Trend zur Vergleichzeitigung nicht ausschließlich zur Entlastung postmoderner Menschen erfunden wurde. Das spüren in erster Linie jene Arbeitskräfte, deren Parallelaktivitäten mit einer wachsenden Vergleichzeitigung von Zwängen und Abhängigkeiten einhergehen. Kurz gesagt: Die unangenehmen, die lästigen und die bescheuerten Dinge des Lebens ereignen sich in der Simultanwelt immer weniger nacheinander, sie belästigen die Berufstätigen zunehmend gleichzeitig, also ebenso in verdichteter Art und Weise.

Es ändert sich also die Gesellschaft und das Soziale. Der Umgang miteinander bleibt nicht, wie wir es gewohnt waren, aber auch die Einzelpersonen eignen sich bisher wenig oder nicht bekannte Denk- und Handlungsformen an. Sie tun es nur teilweise freiwillig. Der Druck zur Veränderung, zur steten Neuausrichtung nimmt zu. Simultanten wollen und müssen möglichst immer „am Ball“ sein, müssen sich dort aufhalten, wo sie benötigt werden, zumindest sollten sie kontinuierlich abrufbar sein. Die Angst, nicht mitreden zu können, Wichtiges und Interessantes zu verpassen, treibt sie zu vielerlei Aktivitäten und Ablenkungen. Man begegnet dem Simultanten in „Reinkultur“ in dem TV-Spot eines Handy-Herstellers, bei dem ein Jungmanager auf der Toilette Termine macht.

Die politischen und organisatorischen Rahmenbedingungen für die rasante Verbreitung dieses Simultanten-Typus werden von den Regierenden, völlig unabhängig von deren Parteizugehörigkeit, derzeit mit Nachdruck auf den Weg gebracht. Einige Staaten haben die dafür notwendigen Veränderungen, zumindest im Bereich ihrer Ökonomien, vor längerer Zeit bereits in Gang gesetzt, andere verhielten sich diesbezüglich eher zögernd. Im Rahmen der „Anpassung an die neuen Verhältnisse“ werden bevorzugt jene Tages- und Wochenzeiten, die dem Zugriff des ökonomischen Handelns bisher nur beschränkt zugänglich waren, dem Zeit-ist-Geld-Mechanismus ausgeliefert. Das trifft in erster Linie auf die dunklen Zeiten des Tages und auf das Wochenende zu. Bereits seit einigen Jahren kann man sich in Europa rund um die Uhr am Automaten Geld besorgen, und es sieht so aus, als könnten die nachtaktiven Simultanten, spätestens nach der erwartbaren Abschaffung aller staatlichen Ladenschlussregelungen, dieses demnächst im Dunkeln auch fleißig wieder ausgeben. Ausnahmegenehmigungen für die Arbeit an Sonn- und Feiertagen werden schneller, leichter und öfter erteilt. Das trifft auch für die Erlaubnis zur Inanspruchnahme von Dienstleistungs- und Konsumofferten an bisher „geschützten“ Tagen zu. Autowaschanlagen, so eine Entscheidung der bayerischen Staatsregierung aus neuerer Zeit, dürfen auch sonntags ihre Dienste anbieten. Ohne politisches Zutun ist es seit einigen Jahren möglich, nur durch einen kleinen Tastendruck, unabhängig von Schalter- und Ladenöffnungszeiten, am Wochenende oder an Feiertagen vom heimischen PC aus

Theaterkarten zu reservieren, Börsengeschäfte zu betreiben, Last-Minute-Angebote zu buchen und vom Versandhandel per Mausklick all das zu bestellen, was man glaubt, sofort nötig haben zu müssen. Weder das Wetter noch die Zeitordnung, auch keine gesellschaftlichen Traditionen schränken diese Allzeitpräsenz mehr ein. Das Internet kennt keine Jahreszeiten, keine Arbeitszeiten, keine Feiertage, es macht keinen Urlaub und hat weder Ladenschluss noch sonst irgendetwas, das nach einem Ende aussieht. Es ist ein zeitliches Nirwana. Simultanten jedoch, das vergessen sie nur allzu gerne, sind endlich. Das kann man bedauern – verändern kann man es nicht.

Als Junkies der Versofortigung bemühen sie sich, der Begrenztheit des Lebens durch Vergleichzeitigung, durch Hochgeschwindigkeitsmobilität und Virtualität zu entfliehen. Allein die Tatsache, dass ihre Existenz, trotz solcher Möglichkeiten und Errungenschaften, weiterhin begrenzt ist, irritiert ihr irdisches Paradiesprogramm.

Schätzen Sie sich selbst ein!

Bin ich ein Simultant – oder bin ich auf dem Weg, einer zu werden? Wer ist eigentlich ein Simultant, wer eine Simultantin? Schätzen Sie sich selbst ein – mit folgendem Test. Er gibt Ihnen die Antwort.

1. Verlassen Sie Ihre Wohnung mit Telefon?

   immer [10] selten [5] nie [0]

2. Fühlen Sie sich dort zu Hause, wo Sie Ihre Mails lesen?

   ja [10] naja [5] nein [0]

3. Nehmen Sie sich die Freiheit, überall erreichbar zu sein?

   nie [0] selten [5] ja [10]

4. Passiert es Ihnen manchmal, dass Sie nach Ihrem Handy kramen, wenn die Kirchenglocken zu läuten beginnen?

   häufig [10] manchmal [5] nie [0]

5. Schalten Sie Ihr Navigationsgerät ein, wenn Sie Ihren nächsten Angehörigen einen Besuch abstatten?

   nein [0] ja [10] manchmal [5]

6. Kennen Sie sich im Internet besser aus als in Ihrem Stadtteil?

   etwa gleich gut [5] nein [0] ja [10]

7. Was ist eigentlich der Sonntag?

   a) ein Tag des Kultes [0]

   b) ein Naturereignis [5]

   c) eine überflüssige Erfindung der Gewerkschaften [10]

8. Was ist „Dämmerung“?

a) der Zustand nach zuviel Alkoholgenuss | 5

b) ein täglich zweimal wiederkehrendes kosmisches Ereignis | 0

c) ein altertümlicher Begriff für die „Happy Hour“ | 10

9. Was ist eine Computermaus?

a) das schnellste Haustier | 10

b) ein Nagetier, das Kabelschäden verursacht | 5

c) eine geklonte Feldmaus | 0

10. Wo findet man die meisten Simultanten?

a) unterwegs | 5

b) im Zoo | 0

c) im Internet | 10

Zählen Sie Ihre Punkte jetzt zusammen und ordnen Sie sich einer der drei Kategorien zu:

Bei 75–100 Punkten:	Ohne jede Einschränkung können Sie sich als Simultant bezeichnen.
Bei 50–70 Punkten:	Sie sind auf dem besten Weg, ein Simultant zu werden.
Bei 0–45 Punkten:	Sie haben sich anscheinend in der Zeit bzw. im Jahrhundert geirrt. Vielleicht aber auch bei diesem Test.

Postmoderne Tierliebe

Die Computermaus

Die unvermeidliche, alberne Quizfrage nach dem schnellsten Haustier ist rasch beantwortet, führt aber in den meisten Fällen zum falschen Ergebnis. Es ist, das wissen die meisten unter 50-Jährigen, die Computermaus. Die Zeiten, in denen Kinder noch mit lebendigen Tieren, mit Schildkröten, Fröschen, Echsen, Hasen, Hamstern und weißen Mäusen zusammenlebten, deren Gewohnheiten sie neugierig studierten und die sie dabei mit übermäßiger Zuwendung verfolgten und bedrängten, diese Zeiten sind vorbei. So auch jene, in denen durch allerlei Kleintiere der Biologieunterricht, aber auch die Gruppendynamik von Grundschulklassen belebt wurde.

Die Unterrichtungsräume sind, wie die häuslichen Kinderzimmer, dem Trend zur Beschleunigung ausgeliefert. Sie wurden steriler und langweiliger. Leben findet dort meist nur noch in kontrollierter, dosierter und keimfreier Atmosphäre statt. Das hat Gründe. Die Hälfte aller Kinder leidet heutzutage an Allergien, und dieser Sachverhalt verbietet es, mit der unsterilen Natur in einen allzu engen Kontakt zu kommen.

Nur bei wenig anderen Anlässen gelingt es, die Protestmotivation von Eltern und Elternvertretern so umfangreich zu aktivieren wie beim Widerstand gegen die Kleintierhaltung in Klassenräumen. Meist schon bei der Schulleitung, spätestens aber beim Schulamt oder vor Gericht sind Einwände und Einsprüche von Beschwerdeführern gegen eine Verlebendigung des Unterrichts erfolgreich. Die allermeisten Pädagogen muss man jedoch nicht erst über den Verfahrensweg von einem anschaulichen Natur- und Lebensweltbezug abhalten. Sie verbannen in eigenem Interesse bereits alles Wirkliche, alles unkontrollierbar Bewegte und alles sich spontan Bewegende aus ihrem Unterricht. Sie sind mehrheitlich der Überzeugung, so etwas störe nur den Unterricht und beschwöre darüber hinaus die Gefahr herauf, die Lernschnellwege des immer zu eng gestrickten Lehrplans zu verfehlen. Aus Schulbüchern, so ihre Ausflüchte, ließe sich ja genauso viel Sinnvolles lernen, und neuerdings auch noch durchs ungleich fixere Internet. Darüber hinaus sind die sterilen, berechenbaren Lernmedien erheblich kalkulierbarer, sie sind sauberer, keimfreier und lassen die schmutzige Wirklichkeit dort, wo sie bleiben soll, vor den Türen der pädagogischen Provinz. Computermäuse sind in den Klassenzimmern hingegen heute gerne gesehen. Sie sind als postmoderne Haustiere willkommen. Ihre Vermehrung wird großzügig subventioniert und von Elektronikkonzernen im eigenen Profitinteresse gesponsert. Darüber hinaus sind sie manipulierbar, steuerbar, sauber, flink und pflegeleicht. Was will man mehr? Man will ja nichts anderes.

Auch Computermäuse vermehren sich – jedoch anders als Feld- und Hausmäuse. Sie multiplizieren sich kalkulierbar und sauber, ohne jeden Erklärungs- oder Aufklärungsbedarf und ohne Rücksicht auf die Zeiten der Natur. Weder durch Rhythmen von Aktivität und Passivität noch durch Zyklen des Werdens und Vergehens, des Geborenwerdens und des Sterbens sind Computermäuse tangiert. So unabhängig möchte man auch selbst sein. Die Schüler und Schülerinnen sollen sich am Takt der Schulorganisation und des Lehrplans orientieren, nicht an ihrer Lernrhythmizität, nicht an ihren naturgegebenen Phasen der Müdigkeit und der Aufmerksamkeit. Die Computermaus ist dafür das ideale Vorbild, sie macht nicht was sie will oder muss, sie macht was sie soll. Genau dies sollen auch die Kinder und Jugendlichen in der Schule lernen – das heißt in einer schnellen Gesellschaft: Sie sollen schneller Lernen.

Computermäuse entwischen nicht, müssen nicht gefüttert werden und hinterlassen auch keine Schmutzspuren. Ihr größter Vorteil jedoch ist, dass sie keine Allergien verursachen. Eigentlich schade. Ganz so sicher sollte man sich dabei aber nicht sein. Denn, wie immer wieder zu hören und zu lesen ist, wissen wir über die Folgen und die Nebenfolgen unseres Tuns und Lernens sehr wenig. Vielleicht taucht ja demnächst das erste Schulkind mit einer Computermausallergie auf. Sofort melden! Unbedingt!

Zeitlosigkeit auf Zeit

Der Klosterurlaub

Man liest und hört es mit Erstaunen: Die Klöster erleben in Zeiten steigender Kirchenaustritte eine wahre Renaissance. Sie vermelden das, was außerhalb der Klausur ein „Boom“ genannt wird oder, bei Verwendung eines biblischen Bildes, eine Wiederauferstehung. In Gang gebracht wird dieses Wunder in kirchenflüchtigen Zeiten jedoch nicht von Menschen, die den Dienst an der Welt und am eigenen Image aufkündigen, um ihn durch den an Gott und dessen Werken einzutauschen. Nein, nicht die anbetende Bewahrung der göttlichen Schöpfung ist das Motiv der postmodernen Pilgermassen, es ist vielmehr ihre Hoffnung, die irdische Wertschöpfung mithilfe asketischer Erfahrungen intensivieren zu können.

Manager, so liest man überrascht und etwas verwundert im Kundenmagazin einer deutschen Großbank, „profitieren von der Weisheit der Mönche“. Das ist zumindest ehrlich. Es geht, was könnte man von erfolgsorientierten Finanzdienstleistern auch anderes erwarten, auch im Kloster um den Profit. Dieser lässt sich neuerdings, so deren Kalkulation, durch einen Aufenthalt hinter Klostermauern mehren. Aus diesem Grunde machen sich die Agenten des Kapitals in immer größerer Zahl zu den stillen und frommen Orten weltabgewandter Beschaulichkeit auf – im eigenen Interesse.

Wie aber lässt es sich erklären, dass Personen, deren Lebenszweck und Lebenssinn in erster Linie darauf ausgerichtet ist, pausenlos und überall Zeit in Geld zu verrechnen, schnell und schneller zu werden, einen dermaßen intensiven Drang verspüren, Orte und Personen aufzusuchen, die für diese Gleichung traditionell gar nichts übrig haben, die als langsam, bedächtig und der Beschaulichkeit zugewandt gelten? Das fragt sich auch Frau Niggemeier, die Pressereferentin des Bayerischen Pilgerbüros (so etwas gibt es wirklich), als sie irritiert feststellt: „Das Interesse am Urlaub im Kloster ist gigantisch.“ Dass es so ist, dafür sorgen inzwischen Marketingexperten, die, so kann man nachlesen, jetzt auch mit frommen Ordensleuten kooperieren. Sie zeichnen dafür verantwortlich, dass unter der Internetadresse www.orden.de die Vereinigung Deutscher Ordensobern (VDO) ein immer größer werdendes Angebot von zeitlich begrenzten Klosteraufenthalten für Kapitäne der Wirtschaft und deren gut bezahlte Helfer und Helfershelfer bereithält. Auf deren Bedürfnisse stellt man sich umfassend ein.

Entscheiden kann sich der Klosterkunde zwischen einem so breiten Angebot, dass es sich dringend empfiehlt, vorher Beratung in Anspruch zu nehmen. Die Offerten oszillieren zwischen vielerlei Möglichkeiten zur intensiven Teilnahme am Leben in der Klausur und eher beratungszentrierten Selbstfindungsprozessen bei teilweise üppigem Hotelkomfort. Zwischen Ruhe und Erholung, zwischen subjektzentriertem Rat, unterstützender Hilfe und umfangreicher Stilleerfahrung bewegen sich die kundenorientierten Angebote. Stark nachgefragt wird derzeit, nicht zuletzt auch wegen breiter massenmedialer Resonanz, die Teilnahme am Klosterleben der Benediktiner („Benedikt for Management"). Deren Ordensregeln und Grundsätze gelten als höchst anschlussfähig zu unternehmerischen Führungsmaximen. So konnte es nicht ausbleiben, dass sich einige Äbte in Sorge um die Auslastung ihrer Bettenkapazität auch weltlicher Werbeagenturen bedienen. „Auszeit im Kloster", „Tritt aus dem Trott!", „Der eigenen Sehnsucht auf der Spur", so oder so ähnlich lauten die marktgängigen Versprechen. Sie machen es den Agenten des Kapitals relativ leicht, die scheinbare Distanz ihrer ökonomisch geprägten Alltagswelt zu der eines asketischen Klosterlebens problemlos zu überbrücken. Auf jeden Fall eint sie ja die Gemeinsamkeit einer relativ strikten Zeitorganisation.

Das Kloster war bekanntermaßen der Ort, an dem vor mehreren Jahrhunderten die mechanische Uhr erfunden bzw. entwickelt wurde. Weder sicherheits- und ordnungsverliebten Militärs noch irgendeinem spätmittelalterlichen, zeitmaximierenden Unternehmer oder Handwerker, und auch keinem der „Händler der Zeit", die als Bankiers und Kaufleute ihr gewinnorientiertes Leben gestalteten, gelang diese weltbewegende Innovation, die heute ja für deren Wohlstand maßgeblich verantwortlich zeichnet; nein, es war ein Mönch, der dieses revolutionäre „Kunststück" gegen Ende des 13. Jahrhunderts in einem Kloster nahe Mailand zustande brachte. Dabei lag es ganz und gar nicht in seiner Absicht, der Welt jenseits der Klostermauern neue Chancen zu öffnen, an Gütern, Genüssen, Erfahrungen und Ablenkungen reicher zu werden. Das erste mechanische Uhrwerk sollte einzig und allein dem religiösen Zweck dienen, den Dienst am Überirdischen, an Gott und dessen Schöpfung, regel- und pflichtgemäßer als vorher möglich, ausüben zu können. Umfassender und tiefgründiger als die Klausur selbst hat die mechanische Uhr jedoch das Leben außerhalb dieses Mikrokosmos beeinflusst und verändert. Und das mit einer Radikalität, die schließlich die Klöster in ihrer Existenz bedrohte. HÖLDERLIN hat uns glücklicherweise darüber belehrt, dass dort, wo das Bedrohliche wächst, auch das Rettende zunimmt. Diese Erfahrung machen Mönche und Nonnen in heutiger Zeit.

Die Ironie der Geschichte will, dass es in erster Linie die gehetzten Propheten und Jünger des Zeitmanagements und der Beschleunigung sind, die von der Sehnsucht befallen werden, sich Orten zuzuwenden, die sich durch ihre „Zeitlosigkeit" auszeichnen. So gesehen ist es auch nicht verwunderlich, dass Klosteraufenthalte auf Zeit bereits zu früheren Zeiten nicht ganz unbekannt waren.

Die Geschichte kennt viele Beispiele von reichen, mächtigen und viel beschäftigten Menschen, die einen Teil ihres Vermögens an Klöster weitergaben, Orden und deren Niederlassungen finanziell unterstützten und sich manchmal sogar entschieden, den Rest ihres Lebens im Mikrokosmos Kloster zu verbringen. Man kann diese Tradition als einen Vorläufertypus des heutigen „Kloster auf Zeit"-Programms bewerten.

Was treibt eigentlich Direktoren, Vorstandsmitglieder, Abteilungsleiter, Kreissparkassenchefs und ab und zu auch hochrangige Militärs zu ihrem Entschluss, die Welt des Geldes, des

Konsums, der Unterhaltung, des Befehls und der Anordnung für einige Tage zu verlassen? Warum klopfen sie an die Klosterpforten und bitten dort um Einlass? Weshalb verlassen sie ihre Familien, ihre Freunde, ihre Kollegen und Kolleginnen und suchen nach Erfahrungen, die ihren Tagesablauf konterkarieren? Ist es wirklich, wie von der Presse immer wieder berichtet, die tiefe Suche nach Spiritualität, das drängende Bedürfnis nach innerer Einkehr, das die vielen weltlichen Pilger antreibt, die einst verwaisten Zellen der Klöster zu füllen?

Skeptisch macht die mit Vorliebe bemühte Rechtfertigung, der Schritt in die Klausur diene in erster Linie der Suche nach Sinn, nach dem eigenen Selbst und einer Antwort auf jene Fragen, die der Materialismus des gehetzten Alltags nicht mehr zu geben vermag. Wenn das so wäre, dann stellen sich grundlegende, existenzbedrohliche Folgefragen. So z.B.: Wie sinnlos muss das Leben außerhalb der Klostermauern eigentlich sein, wie selbstlos die Anstrengungen im geschäftlichen Alltag, wie unbefriedigend die Verdienst- und Konsummöglichkeiten unserer Wohlstandsgesellschaft, wenn man diese selbst geschaffene Welt verlassen muss, um in klösterlichen Gemeinschaften zu erfahren, was sinnvolles Leben ist und wie es zu gestalten wäre? Mit solcher Radikalität konfrontieren sich die „Klosterurlauber“ aber nur selten. Dann nämlich wäre damit zu rechnen, dass aus dem Aufenthalt auf Zeit einer auf Dauer werden könnte.

Nein, und ehrlicherweise wird so auch argumentiert, bei diesem Besuchsprogramm geht es um nicht viel mehr als eine spezielle Form der Urlaubserfahrung, um ein kalkulier- und kontrollierbares, zeitlich begrenztes und emotional bewältigbares Kurzzeiterlebnis. Dieses befriedigt im besten Fall das Bedürfnis, die von der Zeit-ist-Geld-Logik und der Beschleunigung des Lebens planierten Schnellstraßen des Alltags mithilfe eines spirituellen Grünstreifens abwechslungsreicher und bunter zu gestalten. Aus Erfahrung wissen wir jedoch, dass all die mühsam angelegten Grünflächen die Natur letztlich nicht zu retten vermögen.

Ebenso wenig gelingt es, durch einen kurzzeitigen Klosteraufenthalt der Zeitraffer-Welt außerhalb einen überzeugenden Sinn zu verleihen. Allzu sehr erinnern solch abgesicherte Distanzerfahrungen an Woody Allens tragikkomische Filmfigur des Herrn Nadelmann, der schnell in eine andere Zimmerecke rennt, um hierdurch endlich mal einen Blick auf sich selbst werfen zu können.

Weder vertiefte Gotteserfahrung noch der demütige Dienst an Gott und dessen Werken bewegt die postmodernen Kurzfristmönche, die kalkulierte Weltflucht auf Zeit zu wagen. Sie sehen sich vielmehr von ihrem Wunsch getrieben, sich einmal selbst zu begegnen und der im Alltagsgetriebe geschundenen Seele dabei eine ungefährliche Dosis Spiritualität zu gönnen. Sie versuchen die Opfer, die sie der Geschwindigkeit, der Flüchtigkeit und der Flexibilität tagein, tagaus zu bringen genötigt wurden, für einige Tage zu vergessen. Sie schätzen die Erfahrung einer „Gegenwelt", in der sie nicht damit ausgelastet sind, alle Zeitfalten ökonomisch glatt bügeln zu müssen. Die Sehnsucht, für einige Tage einmal „anders" sein zu dürfen, motiviert sie zu ihrem Entschluss: „Eigentlich bin ich ganz anders, nur komm ich so selten dazu." (Horvath)

Aber machen wir uns keine Illusionen, auch im Kloster geht es diesen postmodernen Wallfahrern weiterhin um ihren Profit. Neu und anders ist nur, dass er – paradox – durch Verzicht zu erlangen versucht wird.

„Kloster auf Zeit", das ist die ironische Antwort überbeschäftigter Personen auf die Frage von Kant, wie die Freiheit bei dem Zwange gelingen kann. Vielleicht aber ist der Entschluss zu klösterlicher Askese aber auch nur die modernisierte und relativ preiswerte Version der vormals verbreiteten Tradition des Freikaufs von den Sünden der „Geldmacherei und des Krämertums", eingedenk der Drohung des Evangelisten Lukas (Kap. 18, Vers 25), dass eher ein Kamel durch ein Nadelöhr geht, als dass ein Wohlhabender ins Reich Gottes einzieht.

Nichts Neues also unter der Sonne. Auch nicht bei jenen, die davon gut leben, Neues täglich durch Neueres zu ersetzen.

Beim französischen Meisterdenker der Renaissance, Michel de Montaigne, können sie nachlesen, dass der Kurzzeiturlaub im Kloster dann, wenn's ums Ganze geht, auch nicht weiterhilft:

> *Es ist nicht genug, sich von der großen Herde abgesondert zu haben, es ist auch nicht genug, den Ort zu wechseln, man muss sich von den Herdentrieben befreien, die in uns selbst sind: Man muss sich losreißen und sich zu sich selber zurückführen.*

Zügige Bildung

Was Hänschen nicht lernt, lernt Hans immerzu. Das aber möglichst schnell und an jedem Ort. „Neues Wissen in drei Minuten" verspricht uns das Edu-TV. Die *Süddeutsche* belehrt ihre Leser mit der Behauptung „Besser als etwas zu wissen, ist es, dies als Erster zu wissen", während ein bekannter Topmanager lauthals verkündet, „die Fähigkeit, schneller zu lernen als die Konkurrenz, ist vielleicht der einzig wirkliche Wettbewerbsvorteil". Politiker, Unternehmensführer, Wissenschaftler, sie alle beschwören die „Ressource Geist" und verkünden, dass „Wissen der wichtigste Rohstoff der Zukunft" sei. Wir sind unterwegs auf dem Qualification-Highway und werden dort nur wahrgenommen, wenn wir die Überholspur benutzen. Nur dann geht's weiter, wenn es mit uns weitergeht. Die Bildung, bzw. das, was wir leichtfertig so nennen, ähnelt mehr und mehr den Fast-Food-Errungenschaften unserer Esskultur. Lernen, bitte just-in-time und an jedem Ort. Heißt unsere Gegenwart bereits „lernen, lernen, lernen", so unsere Zukunft „noch mehr lernen". Vernünftige lernen daher freiwillig, andere müssen es. Wie aber geht's der Bildung eigentlich dabei?

Nicht allzu gut. Nur noch dort, wo nicht von ihr geredet, nicht mit ihr geprahlt oder geworben wird, besteht eine realistische Hoffnung, wirklich gebildet und nicht nur verbildet zu werden. So beispielsweise an den Bahnhöfen unserer Republik. Die Bahn nämlich kann mit guten Gründen behaupten: „Alle sprechen von Bildung – wir tun was dafür!"

Man kann sich den finanziellen und auch den textilen Aufwand, den der Theaterbesuch eines Beckett-Stückes verlangt, sparen, wenn man den kostenlosen Lautsprecherdurchsagen an deutschen Bahnsteigen aufmerksam zuhört. Da wird man belehrt, mehr oder weniger dezent, aber immer etwas zu laut, dass es ein „Oberleitungsschaden" ist, der für die Verspätung eines Zuges verantwortlich gemacht wird. Dass „Oberleitungsschäden" Probleme verursachen, nicht nur im Schienenverkehr, das ist eine Erkenntnis, die fürs alltägliche Leben und dessen Anlässe und Gelegenheiten vielfältig brauchbar ist. Man kann, der Lektion am Bahnsteig sei's gedankt, so jener prekären Situation terminologisch treffend begegnen, die sich im Arbeitsumfeld dann einstellt, wenn ein Vorgesetzter mal wieder für überflüssige Aufregung gesorgt hat. Endlich hat man den schon immer gesuchten Begriff, um solch bisher nur mangelhaft beschreibbares Geschehen präzise zu benennen.

Den einfachen Weisheiten der Bahnhöfe sind wenig Grenzen gesetzt. Neuerdings macht die Bahn für Zugverspätungen gerne auch mal „Triebkopfschäden" verantwortlich. Das nun lässt in der Tat eine bisher bei der Bahn AG unerwartete, sprachschöpferische Genialität vermuten. SIGMUND FREUD, ein Meister des geschliffenen Wortes, hat Zeit seines Lebens vergeblich nach diesem genialen Terminus zur Vervollkommnung seiner Theorie gesucht. Er hat ihn nie gefunden, konnte aber auch nicht ahnen, dass es die Bahn ist, die seine psychoanalytischen Erkenntnisse in dieser Weise zu perfektionieren imstande sein wird. Wird man am Bahnhof so reich belehrt, dann nimmt man jede Verspätung gerne in Kauf. Was jedoch lernen wir daraus? Nicht nur in der Schule, auch am Bahnhof lernen wir, an jenem Ort, an dem eine der seltsamsten und verbreitetsten Errungenschaften der Moderne ihren Erstwohnsitz hat – die Verspätung.

Glücklich hat den Autor dieser Zeilen vor einiger Zeit eine freundliche Frauenstimme bei einer Lautsprecherdurchsage am Münchner Hauptbahnhof gemacht. Sie berichtete von einem Ereignis, von dem man sich gar nicht vorstellen konnte, dass es irgendwann einmal wirklich eintreten hätte können. Wegen eines „Böschungsbrandes" war es an diesem Tag einem Zug nicht möglich, pünktlich am Ankunftsort zu sein. Solche Information schafft unvermutet die Gelegenheit, jene Fragen zu stellen, die man sich sonst im Leben niemals zu stellen gewagt hätte: Brennen Böschungen wirklich? Wie tun sie das, und wie soll man sich das vorstellen? Ist so etwas gefährlich? Und für wen eigentlich? Alles Fragen, die, wie man weiß, für den Bildungsprozess lehrreicher und wichtiger sind als all die vielen Antworten, die uns in Hülle und Fülle in Form von pädagogischer Vollwertkost an jeder Ecke angeboten werden. Der Bahn aber gelingt es locker und mit relativ simplen Mitteln, sie ihren wartenden Kunden aufzudrängen. Sie unterstützt in ungeahnter Weise eine unübersehbare Anzahl von Pädagogen bei ihren meist vergeblichen Bildungsanstrengungen. So hat sie eigentlich auch Anspruch auf jene Zuschüsse und Subventionen, die in den leeren Töpfen der Kultus- und Bildungsministerien fehlen.

Auch der in Bahnhofsnähe zuweilen vernehmbare Hinweis auf eine „Signalstörung" ist im Leben jenseits aller Gleisanschlüsse vielseitig verwendbar. Beim Umgang mit dem Computer bringt er so manch bisher nicht beschreibbares Ungemach auf den geeigneten Begriff. Im Stuttgarter Multifunktionsbahnhof konnte man kürzlich unverhofft Teilnehmer an einem rechnerischen Verwirrungskunststück werden, das jedem virusinfizierten Softwareprogramm heftig Konkurrenz gemacht hätte. Die Fahrgäste des auf Gleis 12 abgehenden Zuges wurden mit der mirakulösen Lautsprecherdurchsage überrascht: „Aufgrund technischer Probleme befinden sich heute die reservierten Plätze des Wagens 12 in Wagen 9, die des Wagens 9 in Wagen 3, die von Wagen 3 in Wagen 6, die von Wagen 6 in Wagen 5" undsoweiterundsofort. Hoffentlich, so die Reaktion des irritierten, mitfahrbereiten Autors, hat man den Platz des Lokführers nicht auch noch vertauscht und dessen Platz einem unvorbereiteten, unbedarften Fahrgast aus dem Wagen Nr. 15 zugeteilt.

Manch seltsames Mysterium der deutschen Bildungsgeschichte nimmt auf deutschen Bahnhöfen seinen Anfang, glücklicherweise aber endet es nicht immer auch dort. „Wie sind Sie nach Paris gekommen?" „Gerade eben mit Goethe, einem Eurocity." Da wundert einen nichts mehr, auch nicht die jede Kausallogik außer Kraft setzende Durchsage an die Zugreisenden: „Wir haben derzeit sieben Minuten Verspätung. Wegen dieser Verspätung werden alle Anschlüsse erreicht!" Schade, wirklich schade, dass die Bahn seit 2003 ihre Züge nicht mehr nach deutschen Kulturgrößen benennt. Sie gibt ihren Verkehrsmitteln seitdem nur mehr einfältige Bezeichnungen von Fahrzielen und

Stationen. Mit dieser Veränderung, so hat der Vorstandsvorsitzende die Entscheidung zur Reduktion des Bildungsangebotes begründet, will die Bahn ganz grundsätzlich ihre „Verbundenheit mit deutschen Städten“ zum Ausdruck bringen. Na schön. Aber wo bleibt die Verbundenheit mit der deutschen Bildungskultur? Mit hoher Wahrscheinlichkeit wird sich Deutschland in der Hitliste der nächsten PISA-Studie noch weiter zur Schlussposition hin bewegen. Bisher haben nämlich viele Bildungsbedürftige zumindest aus den in den Zugabteilen ausliegenden Faltblättern lernen können, dass Max Planck „ein deutscher Physiker“ ist, „der als Begründer der Quantenphysik sowie des Planck'schen Strahlungsgesetzes maßgeblich zur Gestaltung der modernen Physik beitrug und 1918 den Nobelpreis erhielt“. Und der darüber hinaus, bis zur bildungsfeindlichen Innovation des Bahnchefs, seine postmortale Existenz als rasender Expresszug fristen durfte. Die Trivialität, Züge nur nach jenen Orten zu benennen, zwischen denen sie hin- und herfahren, ist doch nicht viel mehr als das Eingeständnis, dass jetzt auch bei der Bahn, ähnlich wie beim Flugverkehr, der humanoide Warentransport die Bildungsreise ersetzt hat. Wem aber nutzt das? Einzig vielleicht Gabriele Münter, die im „Zugbegleiter“ die mehrdeutige Formulierung ertragen musste, sie verkehre zwischen Stuttgart und München. Wenn schon nicht pünktlich, dann doch bitte mit mehr Möglichkeiten zur Bildung auf allen Gleisen.

Es ist ein Trauerspiel: Die Bildungsabstinenz der Bahn wird größer, und ihre Unpünktlichkeit auch. Keine Roswitha von Gandersheim, keine Hildegard von Bingen, kein Bacchus und kein Bertolt Brecht mehr auf deutschen Schienen. Unbelehrt sitzt man im ICE „Berlin“, „Frankfurt“ oder „Köln“. Immer nur Stationen, Stationen, Stationen, aber kein Bildungsziel mehr, immer nur Bord-Treff und Bistro-Baguette aus vakuumversiegelten Klarsichtpackungen mit fixem Beuteltee. Auf das bahneigene, pulverisierte Erlebnisdeutsch mit dem unattraktiven Angebot an Fertignahrung, knapp vorm drohenden Verfallsdatum, kann der bildungsbeflissene Kunde gerne verzichten. Wirklich traurig – aber leider wahr. Schnell ändern!

Ausrangierte Helden der Zeiterfahrung

Die Zeit vergeht und täglich kommt neue nach. Deshalb haben wir Orte, in die wir die vergangenen Zeiten abschieben, wo wir sie konservieren und dem schnellen Vergessen zu entreißen versuchen. Zuvörderst zählen dazu Museen, in denen die Produkte und Gegenstände eine Heimat finden, die den heutigen Zeitverläufen nicht mehr länger zu folgen in der Lage sind. So hat die Blitzkarriere des Reißverschlusses das Knopfmuseum provoziert (dem bedauerlicherweise kein Knopflochmuseum korrespondiert), die Ikonen der hochbeschleunigten, vernetzten Welt haben Technikmuseen attraktiv werden lassen, die Espresso-Stehbars haben Kaffeehäuser zu konservierungswürdigen Nostalgieorten gemacht.

Die Kultur des Hurtigen, des Flexiblen und des Effizienten schubsen jene traditionellen Akteure der Zeiterfahrung von der Bühne des Alltags, die im Wege stehen, die nicht mehr gefragt sind und die den schneller und schneller werdenden Betrieb stören. Dazu zählen auch Subjekte, die für ihre Restlebenszeit ins Altersheim transferiert werden, dazu gehören Geräte und Instrumente, die im Museum oder in Antiquitätenläden landen, dazu müssen aber auch subjektive Erfahrungen, Stimmungen sowie gesellschaftliche, soziale und institutionelle Zeitvorgaben, Zeitregeln und Zeitmuster gerechnet werden. Diese jedoch lassen sich weder ausstellen noch kann man sie bei Manufactum erwerben. Man kann sie jedoch beschreiben und man kann von ihnen erzählen. Sie benötigen Worte, um überliefert werden zu können. Nur so bleiben sie in der Erinnerung und vielleicht sogar ein wichtiger Teil unserer Sehnsüchte.

Das folgende Kapitel will dafür sorgen. Mit vier Oasen der Zeiterfahrung, dem Innehalten, dem Pausemachen, den Übergängen und dem Abschließen, allesamt inzwischen altmodische Relikte einer fernen Vergangenheit, wird das beispielhaft versucht.

Des Alltags Dehnungsfuge

Das Innehalten

„Wer rastet, der rostet“. Ein dummer Spruch, der unzähligen Heranwachsenden von ihren Erziehern als Vorgabe, aber auch als Mahnung, bei unterschiedlichsten Anlässen aufgenötigt wurde. Glücklicherweise haben ihn die jungen Menschen, als sie erwachsen wurden, nicht allzu konsequent befolgt. Sonst fände man heute weder Gast- noch Rasthäuser und es gäbe auch keine Parkplätze, keine Parkbänke und die wenigen Oasen des produktiven Müßiggangs existierten auch nicht mehr. Irgendwie scheint das Rasten, das Ausruhen, ein unverzichtbarer Teil jener Hochgeschwindigkeitszivilisation zu sein, der wir tagein, tagaus viele Opfer bringen. Die neuerdings ihre Auferstehung feiernden Areale des Wartens, man entdeckt sie bevorzugt an Großbahnhöfen und Flugplätzen, künden von einem noch lebendigen Rest von Zuneigung gegenüber dem Innehalten. Sogar die erzwungene Rast scheint ab und zu verlockend und erstrebenswert zu sein. Warum sonst würde sich eine so große Zahl von Autofahrern, speziell an Wochenenden und zur Ferienzeit, bereitwillig in die absehbaren und vielfach angekündigten Verkehrsstaus auf den Schnellstraßen dieser Republik begeben? Die Antwort: Das Innehalten ist eine unverzichtbare Dehnungsfuge im Rahmen der menschlichen Lebensgestaltung. Nur durch sie ist es in Hochgeschwindigkeitszeiten möglich, die verschiedenen Aktivitäten miteinander zu verbinden, nur durch ein „Stopp!“ lassen sie sich voneinander unterscheiden und auseinander halten.

Die Erfahrung lehrt: Aufs Abbremsen kann nicht verzichtet werden. Nur mit stabilen Bremssystemen ist ein Überleben gesichert. Auch wenn die wenigsten Zeitgenossen Goethes Warnung wirklich kennen, sie spüren ihre Berechtigung: „Unbedingte Tätigkeit, von welcher Art sie sei, macht zuletzt bankerott.“ Hingegen kann der Weimarer Dichterfürst mit erheblich weniger Folgebereitschaft rechnen, wo er behauptet, Geduld sei die wichtigste, zumindest eine der besten Eigenschaften des Menschen.

Innehalten bedeutet weiter nichts als „gnädig" mit der eigenen Natur umzugehen und ebenso auch mit dem Natürlichen in der übrigen Welt. Innehalten heißt, die Grenzen der Natur nicht zu überrennen, sie nicht zu ignorieren. Innehalten fordert und fördert deren Schonung. All jene, die schneller als das Leben sein wollen, schädigen nicht nur ihre eigene Natur, sondern auch die ihrer Mitmenschen. Darüber hinaus bedrohen sie das sensible Gleichgewicht der natürlichen Mitwelt. Wo die Rast, das Ausruhen, das Abbremsen verboten, vernachlässigt oder unterschlagen wird, wächst das Zerstörungspotenzial. Eine friedliche Existenz ist aufs Innehalten, aufs Anhalten angewiesen. Friede ist langsam, Krieg jedoch schnell.

Erst das sensible Bremsen und Abbremsen macht ein Innewerden, ein Sich-selbst-Einholen wahrscheinlich und fruchtbar. So nur eröffnen sich Chancen, sich einer Sache, einem Ausschnitt der Wirklichkeit, einem Geschehen bewusst zu werden, um sich schließlich an dem Erkannten orientieren und ausrichten zu können. Innehalten macht klug, zufrieden und erfahren.

In der Bewegung des Anhaltens begegnet uns auch jene passive Form der Aktivität, die das Bedeutungsfeld des „Verweilens", des Abwartens, des Zeit-verstreichen-Lassens, des In-sich-Ruhens tangiert. THOMAS MANN beschreibt im *Zauberberg* diese Zeiterfahrung als das „Einschlafen des Zeitsinns". Zeit, diese vom Menschen konstruierte und heute häufiger denn je strapazierte Gedankenkrücke, die dem Werden und Vergehen Stabilität geben soll, muss ab und zu auch einmal stehen gelassen und vergessen werden. Nur dann haben die Menschen eine realistische Chance, sich dem ersehnten Glück anzunähern, zumindest verbessern sie damit die Voraussetzungen für ihr Glücklichwerden. Den Glücklichen schlägt bekanntermaßen keine Stunde. Pausenloses Glück hingegen kann und wird es nicht geben. Nicht zuletzt deshalb, weil das Glück seinen Wohnsitz in der Nähe des Innehaltens hat (dort aber nicht immer anzutreffen ist).

Nur wer innehält, kommt zu sich selbst und darf auch bei sich bleiben. Haltlos werden jene, die dies nicht tun. Erst der

Akt des Abbremsens führt zu einer gelungenen „Einheit von Moment und Dauer“, zur „Paradoxie des Augenblicks mit Ewigkeitswert“ (LUHMANN). Allein im lebendigen Zustand der Ruhe gewinnt man Zeit, weil man sie dabei verliert und vergessen kann. So wie uns das täglich während der dunklen Seite des Tages widerfährt, im Schlaf. Das nächtliche Innehalten ist in den Rhythmus von Helligkeit und Dunkelheit eingebettet, ist ein stabiler, von der Natur vorgegebener Bestandteil menschlicher Existenz. Der Zwang zum Schlaf erinnert nachdrücklich daran, dass der Mensch nicht, wie das von ihm erfundene und angebetete Geld, zu ununterbrochener Mobilität und Aktivität bestimmt und dazu auch nicht geeignet ist. Aber selbst die lichten Seiten des Tages bedürfen gelebter und gepflegter Zeitoasen. Das überzeugendste Argument lieferte dafür CICERO: „Mir scheint nämlich selbst ein freier Bürger nicht wirklich frei zu sein, der nicht irgendwann auch einmal einfach innehält.“

Abbremsen, Anhalten, Pausieren, alles das sind keine leeren, überflüssigen Zeiten, keine Zeiterfahrungen ohne Wert und Nützlichkeit. Im Gegenteil, es sind bedeutsame, sinnvolle und lebenserhaltende Zeitformen, notwendige Voraussetzungen für ein lebendiges Leben. Menschen, die nicht innehalten, gleichen atemlosen, sich rastlos verausgabenden Automaten, denen es bekanntermaßen verwehrt ist, Distanz zu sich, zu den Dingen und dem Geschehen ihrer Umgebung zu gewinnen. Wer aufs Innehalten verzichtet, setzt sich dem Risiko aus, mit einer Maschine verwechselt und auch so behandelt zu werden.

Das Innehalten zählt zu den Menschenrechten. Je globalisierter die Welt, umso stärker werden die Bedingungen dafür eingeschränkt und verletzt. Die UNESCO sollte sich daher baldmöglichst bemühen, die Zeitform „Innehalten“ in die rote Liste ihrer gefährdeten und erhaltenswerten Kulturgüter aufzunehmen. So ließen sich die Risiken verringern, dass sich die Menschheit bei ihrem hektischen Streben nach Wohlstand und Schnelligkeit irgendwann einmal selbst verliert und darüber hinaus ihren Fähigkeiten zur Friedfertigkeit und Geduld verlustig geht.

Es war die Frau des Archimedes, so beschreibt es eine von Vitruv überlieferte Legende, die um das schöpferische und innovative Potenzial des Innehaltens wusste. Inständig drängte sie einstmals ihren rastlos grübelnden Ehemann, den bekanntesten Mathematiker, Physiker und Konstrukteur des griechischen Altertums, doch sein tagelanges vergebliches Nachdenken über den Echtheitsnachweis einer Goldkette für einige Zeit einmal einzustellen. Sie riet ihm innezuhalten und empfahl ihm einen Besuch der örtlichen Badeanstalt. Widerständig folgte er ihrem Rat. Als er dort ins Becken eintauchte, fiel ihm auf, dass der Pegel stieg und das Wasser über den Rand der Wanne floss. Sein Körpergewicht hatte es verdrängt. Diese Beobachtung war der Schlüssel für jene Erklärung, nach der er so lange gesucht hatte. Vitruv schreibt, dass ihn dabei eine solche Freude ergriff, dass er das Bad auf der Stelle verließ, völlig nackt zu seinem Haus lief und laut ausrief, er habe endlich gefunden, was er gesucht hat. Die schließlich als „Archimedisches Prinzip“ in die Geschichte der Naturwissenschaften eingegangene Erkenntnis war entdeckt – vom Innehalten.

Was aber lernen wir heute aus dieser Episode? Nur zu, und öfters mal Innehalten. Es gibt noch vieles, das auf unsere Entdeckung wartet.

Endlose Freiheit

Der Sendeschluss

Endlich, endlich haben wir sie – die endlose Freiheit. Sie wird, so gehört sich das ja auch in einer Mediengesellschaft, von den Sendeanstalten frei Haus geliefert. Das Fernsehen nämlich macht keinen Schluss mehr mit uns. Es ist ein Genuss, endlich Schluss mit dem Schluss! Die Zuschauer dürfen mit dem Fernsehen selbst Schluss machen, und das tagein, tagaus. Die Programmmacher aber wollen gar nicht, dass sie Schluss machen, sie wünschen sich nämlich Zuseher, die immerzu „dranbleiben".

Als begrüßenswerten Schritt zum paradiesischen Zustand der Endlosigkeit hatten die Fernsehverantwortlichen den Start des Nonstop-Programms angepriesen. Der Zeitpunkt war wohlkalkuliert. Trunken von den Freiheitsparolen ostdeutscher Montagsdemonstrierer und dem Wunsch nach einem gesamtdeutschen Befreiungserlebnis, hat sich das fernsehsüchtige Volk („Wir sind das Fernsehvolk!") bereitwillig der televisionären Offerte angeschlossen. Im Rückblick aber – einige Jahre nach der Befreiung von der DDR und dem Sendeschluss – drängt sich die bittere Erkenntnis auf, dass Freiheiten anscheinend nur dann und dort attraktiv und vielversprechend sind, wo sie nicht real werden. Die Deutschen im Osten der Republik durften das zweimal erleben, beim Fall der Mauer und beim Fall des Sendeschlusses, die Westdeutschen einmal, bei Letzterem.

Heute wissen und erfahren wir, dass das Freiheitsversprechen des televisionären Nonstop-Angebots aus wenig mehr als einer belastungs- und entscheidungsintensiven Delegation von Trennungsarbeit besteht. Nicht etwa die Medienkonsumenten wurden dabei befreit, es sind die Fernsehproduzenten und die Sendeanstalten, die sich von den letzten Resten existierender Endlichkeitsdemut und von der Zumutung, einige Nachtstunden ohne Aufmerksamkeit auskommen zu müssen, entlastet haben. Ohne Innehalten, ohne Anfang, ohne Ende liefern die Fernsehstationen jetzt ihre flachen und billigen Geschichten, die sie irrtümlich für Geschichte halten. Dies mit der lästigen Konsequenz, dass der Fernsehzuschauer unentwegt mit der Frage beschäftigt ist: „Wann soll ich mit dem Glotzen anfangen, wann soll ich mit ihm aufhören?“ Und immer häufiger spürt er, dass dieser zu Anfang bereits am Ende ist.

Immer aber macht man zu früh Schluss. Auch, weil Moderatoren und Moderatorinnen kein Ende mehr ankündigen, dafür um so penetranter fordern, doch bitte „dranzubleiben“. Ohne zeitliche Einfriedung, ohne Markierungspunkte torkelt man durchs Fernsehprogramm und sucht unentwegt den Absprung. Beginnlose Endlosigkeit, das kann man neuerdings am eigenen Leib erfahren. Es ist das Gegenteil von sehnlichst erhoffter irdischer Zeitlosigkeit. Der Eintritt in die Welt des Nonstop ist die Verurteilung zur Höchststrafe. Lebenslang und ununterbrochen muss über Zeit geredet, immerzu über sie entschieden werden. Der penetrante Zwang zum endlosen Zeitmanagement macht die Menschen ausnahmslos zu Buchhaltern ihrer Lebenszeit.

Bis vor nicht allzu langer Zeit wurden die kraftlosen, ablenkungsbedürftigen Seher und Seherinnen, die sich vor dem Schirm Erholung und Entspannung von ihrem hektischen Arbeitsalltag versprachen, durch den Sendeschluss von der Antwort auf die Frage entlastet: „Wann gehe ich heute ins Bett?“ Auch waren sie von der Angst befreit, möglicherweise etwas Wichtiges zu versäumen. Stimmungsvolle Sendeschlüsse mit zuweilen seltsamen Zeremonien des Abschieds entlasteten die müden Zuschauer von der Rechtfertigungspflicht, ihren Familienangehörigen begründen zu müssen, warum sie bereits zu einem so frühen Zeitpunkt ins Schlafzimmer verschwinden. „Was, Du gehst schon?“ „Warum denn schon jetzt?“ Der Sendeschluss war ein allseits akzeptierter Grund, sich vor Mitternacht bereits ins Bett zurückziehen zu dürfen. Heute steigt der Zwang zu später Stunde, sich im unübersichtlichen Supermarkt der Ausreden selbst bedienen zu müssen. Meist auch noch zu einem Zeitpunkt, in dem ein Erschöpfungszustand nur mehr schwache Argumente zulässt. So verdrückt man sich mit schlechtem Gewissen, murmelt etwas von der Notwendigkeit, am nächsten Morgen früh aufstehen zu müssen, und ergreift die Flucht vor den nicht allzu amüsanten Kommentaren derjenigen, die weiterhin in die Glotze blicken. Und dieser Zustand soll uns freier machen? Die Antwort gibt der Schlaf.

Seitdem das Zweite Deutsche Fernsehen 1996 mit dem an Einfalt kaum zu überbietenden Motto „Lücken sind dazu da, geschlossen zu werden" – wobei es anscheinend Zahnlücken mit Programmlücken verwechselte – den Sendeschluss abschaffte, senden fast ausnahmslos alle Anstalten ein Nonstop-Programm in die Wohnzimmer der Republik. Der nicht zu unterschätzende Preis besteht im Verschwinden des Kulturgutes „Sendeschluss", das im Alter von nur 35 Jahren unter Verzicht auf alle sich Begräbnisfeierlichkeiten von dieser Welt verabschiedete. Ein spektakulärer Mordfall! Täter ist die Ökonomie der Aufmerksamkeit. Ihr Motiv ist ihr unstillbares Triebpotenzial zur Rund-um-die-Uhr-Aktivität. Der Sendeschluss wurde Opfer der kannibalistischen Logik, die nur noch die Zeit der Ökonomie und die Pausenlosigkeit des geldwerten Vorteils kennt.

Voraussehend, welch trauriges Schicksal den Sendeschlüssen einstmals bevorstehen würde, hat sich der Wiener Künstler Gustav Deutsch 1992 an eine Sammlung letzter Programmminuten des Fernsehens gemacht. Sein mediales „Work in Progress" ist auf einer Videokassette mit 47 Sendeschlüssen aus aller Welt dokumentiert. Dieses Kunstwerk ist ein anschaulicher und abwechslungsreicher Beweis für eine den Lebensrhythmus ordnende und synchronisierende Kultur des zeremoniellen Schlussmachens. Eindrücklich belegt das Video die alltagsregulierende Funktion des Fernsehens und die Universalität von dessen ritueller Struktur und Bildersprache. Gustav Deutsch kommentiert sein Werk mit wenigen Sätzen: Nacht für Nacht kehrt rund um die Welt ein Milliarden zählendes Publikum nach dem „Fern-Sehen" zurück in die Heimat seiner vier Wände. Ein nationaler Vorhang wird vor das TV, das Fenster der Welt, gezogen, meist dekoriert mit Nationalflaggen, heimatlichen Landschaften, Sehenswürdigkeiten, berühmten Söhnen und Töchtern der Heimat, begleitet von den feierlichen Klängen der Nationalhymnen.

> *Ob in Südafrika oder in Norwegen, in der Tschechei oder in Kuwait, immer weht die Nationalflagge im starken Wind. Und immer weht der Wind von links. Sollte es so sein, dass eine Fahne, die von links nach rechts weht, in den Menschen positive Empfindungen wie Vertrauen, Zuversicht, Hoffnung oder Gefühle wie Stolz, Achtung, Ehre weckt, dann könnte es im Sinne der Nation gleichsam als Auftrag an die öffentlichen Fernsehstationen von Wichtigkeit sein, diese Gefühle bei den fernsehenden Staatsbürgern kurz vor dem Einschlafen zu erwecken.*

Andere häufig wiederkehrende Motive sind untergehende Sonnen (eine „Metapher für das schöne Ende"), fließendes Wasser, ein verkümmertes Meditationsbild oder tickende Studiouhren. Zur patriotischen Aufrüstung am späten Abend dienten in erster Linie Nationalhymnen, die im Bayerischen Fernsehen zweifach und mit abgebildetem Text, wahrscheinlich eine Aufforderung zum Mitsingen, geliefert wurden.

Die kunstvolle Dokumentation von DEUTSCH belegt nachdrücklich, dass wir dem, was wir „Fortschritt" nennen, leichtsinnig ein hohes Kulturgut geopfert haben. Zwingt man uns zu vergessen, dass Sieger ein Ende brauchen, um als Gewinner identifizierbar zu sein? Die Endlosigkeit kennt nur mehr das ununterbrochene Unterwegssein, das sinnlose Rennen und Hasten. Wer Neues anfangen will, muss aber dafür sorgen, dass vorher etwas beendet wurde. Das Immer-Weitermachen führt letztlich nur tiefer in die belästigende und erschöpfende Ruhelosigkeit hinein. Zumindest das ist den Fernsehprogrammen heute anzusehen. Wohlan denn, Herz, nimm Abschied und gesunde!

Das Pausenlos

Ohne Pausen können wir nicht leben. Gäbe es keine Pausen, wüssten wir nicht, dass etwas aufgehört, und auch nicht, dass etwas Neues begonnen hat. Ohne Pausen wäre die Musik nichts als Lärm, die Unterhaltung nur eine unerträgliche Dauerbelastung. Lebenskünstler lassen verlauten, dass all das Stress genannt werden muss, was keine Pause ist. Pausen existieren in allen Größen und in sehr unterschiedlichen Qualitäten.

Vor einem Jahrhundert jedoch kam man auf die Idee, die Pause für etwas zu halten, das es zu reduzieren oder ganz abzuschaffen gelte. Mit großem Erfolg. Die Erfolgreichen in dieser Welt lassen heute verlauten, der Weg zum Paradies führe in erster Linie über die Pausenlosigkeit. Wenn man sich da nicht irrt! Nicht nur aus sentimentalen Gründen daher eine Denkpause für jene kurze Zeitphase, in der die Pausen, bevor sie beinahe ganz abgeschafft wurden, hörbar waren.

Drei Jahre nach dem Start der ersten deutschen Rundfunksendung am 29. Oktober 1923 konnte die anfänglich geringe Zahl der Hörer und Hörerinnen ihre Aufmerksamkeit auf die Geburt eines medialen Ereignisses richten, das sich nach 70-jähriger Lebensdauer von dieser Welt wieder verabschiedet hat: auf die Sendepause. Es handelte sich bei ihr um eine paradoxe Erfindung. Ihr Zweck war es nämlich, die Stille hörbar zu machen, und den verlorenen Kontakt zwischen Sender und Empfänger aufrechtzuerhalten. Ein Frankfurter Sender schickte 1926 das erste Pausenzeichen in den Äther, nachgebildet jenem Morsesignal, das dem Buchstaben **F** (für Frankfurt) entsprach. Der Anlass für die radiophone Pausenkultur war trivial. In den ersten Jahren des Rundfunkzeitalters gingen die Sendungen „live“ über den Äther. Man benötigte aus diesem Grund kurze Übergangszeiten für den Wechsel von Studiobesetzungen, die Ablösung von Moderatoren, Musikern und Schauspielern. Während der Unterbrechungen wurden die Sendeplätze rasch verlassen und möglichst schnell wieder von neuem Personal besetzt, die Stecker wurden umgestöpselt, die Hebel umgelegt und andere notwendige, meist technische Dinge, geregelt. Diese Momente des „Dazwischen", der Abwesenheit des Programms, riefen nach akustischer „Besetzung". Um den Hörern die Irritation einer lautlosen Leere, eines gesendeten Nichts zu ersparen und ihre Phantasien in Richtung eines potenziellen Leitungskollapses zu zügeln, entschied man sich in den Sendeanstalten, die täglich mehrmals anfallenden Pausen zum Klingen zu bringen. Es lag nahe, dies in melodiöser Form zu tun, denn Musik ist ja schließlich nichts anderes als vertonte Zeit. Pausenzeichen wurden schließlich zum vertonten Nichts.

Die hörbare Abwesenheit eines Programmangebotes hat, das beweist die Geschichte des Pausenzeichens nachdrücklich, eine Menge kreativer Hörfunkpioniere bewogen, ihre kulturellen Ansprüche auch auf die Zeiten des Fehlens von Programmangeboten auszuweiten. Sie taten dies, wie 1925 von einem Vertreter des Senders Bremen fürsorglich formuliert, um den in der „Tretmühle ihres Berufes erblassten Menschen Strausswalzer und Kammermusiken, Belebung und Sammlung zu bieten". Rasch nach dem Start, das war abzusehen, wurden die simplen Morsezeichen durch Glockenschläge und Glockenspiele abgelöst, später dann u. a. durch Töne tickender Wecker oder, so vom Sender Laibach, durch den markanten Ruf des Kuckucks. Während die Italiener, aus welchen Gründen auch immer, dem Zirpen von Grasmücken den akustischen Vorzug gaben.

Als schließlich zu Beginn der dreißiger Jahre in den Funkhäusern festgestellt wurde, dass ein Großteil der Hörer und Hörerinnen in dem klangvollen Nichts des Pausenzeichens nicht nur eine notwendige Verlegenheitslösung zum Auffüllen von Sendelücken hörte, sondern die Intervall-Melodien auch als Identifizierungssignet des jeweiligen Senders benutzte, begann die innovativste Phase der kurzen Geschichte der Pausenzeichen. Die unterschiedlichsten Töne, bevorzugt Klangelemente aus Volksweisen, aus Opern und Symphonien, schwirrten als melodische Lückenfüller durch den Äther und offerierten ein hörbares Angebot, sicher sein zu können, sich auf der richtigen

Wellenlänge zu befinden. Als „Visitenkarten der Sender" mutierten die Pausenmelodien schließlich zu einem markanten Erkennungssignal der Sendeanstalten und ihrer Programme.

Diese akustischen „Visitenkarten" gingen, im wahrsten Sinne des Wortes, mit der Zeit. Der Bayerische Rundfunk passte sich bereits 1933, hurtig und vorauseilend, dem politisch-ideologischen Umschwung an und beschickte seine Sendelücken mit Gralsglockentönen aus WAGNERS *Parzifal*, während der Sender Königswusterhausen – später wurde er zum Deutschland-Sender – mit dem Appell „Üb' immer Treu und Redlichkeit" an vermeintlich deutsche Tugenden erinnerte. 1934 wurden die deutschen Rundfunksender gleichgeschaltet. Der Reichssender ersetzte die klassischen Melodien und Volksweisen durch akustische Gesinnungspausenzeichen, einer vertonten Form von Propaganda. Fanfarentöne, wie sie von den Reichsparteitagen bekannt waren, sollten die Deutschen selbst in jenen Momenten, in denen nichts geschah, ideologisch fesseln und eine erzieherische Wirkung entfalten. Indoktrination, dies lässt sich generalisieren, zeigt sich in allererster Linie dort, wo die Pause, also die Leere, einer totalitären Gleichschaltung dient und wo die zeitlichen Moratorien des Alltags zu Manipulations- und Belehrungsaktivitäten missbraucht werden. Es sind solche „Kleinigkeiten", mit denen sich der Totalitarismus, speziell der des Nationalsozialismus, seine penetrante Wirkung verschafft hat.

Mutige Hörer, die sich dem Terrorregime für kurze Zeit akustisch entziehen wollten, erkannten das deutschsprachige Programm von BBC London an den symbolträchtigen Anfangstönen von Beethovens Fünfter, der Schicksalssymphonie. Die vier markanten Paukenschläge wurden für so manchen Radiohörer zum ästhetischen Unterfutter eines eher unauffälligen Widerstandes. Als ab 1941 schließlich der deutsche Soldatensender Belgrad die Melodie von Lilly Marleen über den Äther schickte, mutierte das Pausenzeichen vom Pausenfüller zum Erkennungssignal. Das blieb es dann auch in der Nachkriegszeit.

Gefällige und bindungsfähige Tonelemente sollten die Identifikation der Radiohörer mit den Sendeprogrammen sichern und stärken. Ab Mai 1945 sendete die von der US-Armee kontrollierte Radiostation München Ausschnitte aus dem „Wandeltanz" als Pausenzeichen, während der aus diesem Sender hervorgegangene Bayerische Rundfunk ab 1949 für lange Zeit mit der volkstümlichen Weise „So lang der alte Peter" den Hörern ein betont landsmannschaftliches Identifikationsangebot machte.

Immer stärker ist das Zeichen für die Pause, meist auf Schleichwegen, vom Pausenzeichen zum Symbol der Pausenlosigkeit mutiert. Es diente immer seltener dem Zweck, ein „Vorher" und „Nachher" akustisch zu markieren. Zunehmend aufdringlicher appellierte es an die Zuhörer: „Bleiben Sie dran!" Den Hörspieltheoretiker Heinz Schwitzke veranlasste diese Entwicklung 1963 zu dem treffenden Hinweis, dass der Rundfunk in der Geschichte der Menschheit das erste Unternehmen sei, das versucht, den Zeitfluss ohne Lücken auszufüllen (S. 29). Dass das „pausenlose" Pausenzeichen Teil eines zu erwartenden Nonstop-Betriebes wurde, beweist auch der Sachverhalt, dass sich 1955 der Intendant des Hessischen Rundfunks entschied, seinen Hörern und Hörerinnen in einer eigens gesendeten Ansprache ein neues Pausenzeichen, das von der bis dahin üblichen Volksliedromantik Abschied nahm und auf einer elektronisch erzeugten Tonfolge aufbaute, anzukündigen. Heute ist das, was als „Sondererkennungszeichen" ehemals für anfallende Umstellungen im Studio und den damit verbundenen Sendeunterbrechungen notwendig war, zum Verpackungselement der Sender und ihrer Programme geworden. Sowohl das Zeichen als auch die Pause sind dem Pausenzeichen abhanden gekommen.

Im 21. Jahrhundert ist, und nicht nur im Radio, die Pausenlosigkeit das Ideal aller „Macher". Die Pause gilt als Zeichen der Zeitverschwendung. Signale, die Pausen ankündigen, werden im Nonstop-Alltag der Gegenwart nur mehr als Störungen, als Defizite oder unangenehme Überraschungen identifiziert. An ihrer Stelle werden Jingles, nochmals Jingles und Ablenkungen aller Art serviert, und das am laufenden Band. Sie sind jedoch kein Ersatz, weder für die Pause noch für das Pausenzeichen. Sie sind ihr trauriger Abgesang. War das klingende Sendeloch früher ein anregendes Besinnungsloch, das vor allzu starker Hörkompression schützte, so verbindet sich die Pausenlosigkeit der Programmangebote heutzutage mit der tendenziellen Besinnungslosigkeit der Hörer und der Programm-Macher. Pausen werden als Modernisierungsbremsen identifiziert – nicht einmal Museen interessieren sich für sie.

Mit den Programmen haben sich die Hörer verändert und mit den Hörern die Programme. Auf die Konzentration, die Aufmerksamkeit und die Besinnung, die die Pausenzeichen bei den an den Apparaten Lauschenden einstmals stimulierten, kann und will man heute verzichten. Nur noch wenige, meist ältere Menschen sitzen konzentriert vor ihren Rundfunkempfängern, immer mehr Personen nutzen Hörfunksendungen als akustische Klangtapete, um die von der Alltagshektik provozierte Einsamkeit geräuschvoll zu kaschieren. Stillstand darf es nicht mehr geben. Er macht Angst, er wird als bedrohlich erlebt.

Mit der Erfindung des Fließprogrammes ging nicht nur das Pausenzeichen, sondern auch die Pause verloren. Das ist nicht nur als kultureller Verlust zu beklagen, damit geht auch eine spürbare Minderung unserer Lebens- und Zeitqualität einher. Wo ohne Punkt und Komma gesendet wird, können keine Zeichen mehr gesetzt werden! Die Vernichtung aller radiophonen Kathedralen der Stille, der Untergang aller „Zwischenreiche" des Innehaltens verurteilt die Menschen zu hektischem Nonstop-Aktivismus, allzeit begleitet von flacher Rund-um-die-Uhr-Unterhaltung. In einer solchen Welt wird man pausenlos und rastlos von der Frage belästigt, ob ein Leben ohne Pause überhaupt noch Sinn hat. Pausen jedoch hätten wir nötig, um auf diese Frage eine Antwort zu finden.

Schalten wir um! Aber nicht pausenlos!

Übergangener Übergang

Ich bin der Zwischenraum zwischen dem, was ich bin, und dem, was ich nicht bin, zwischen dem, was ich träume, und dem, was das Leben aus mir gemacht hat, der abstrakte und leibliche Mittelwert zwischen Dingen, die nichts sind, da ich ebenfalls nichts bin. … Ich bin die Brücke des Übergangs zwischen dem, was ich nicht habe, und dem, was ich nicht will.

Dieses originelle Selbstporträt hat Fernando Pessoa in seinem *Tagebuch der Unruhe*, mit Datum vom 14. Mai 1930, zu Weltliteratur gemacht. Alles Leben, nicht nur das Pessoas, ist Übergang und besteht aus Übergängen. Der dem menschlichen Leben zugewiesene Aufenthaltsort befindet sich unveränderbar im Übergang zwischen Geburt und Tod, Kindheit und Alter, zwischen Unselbstständigkeit, Selbstständigkeit und erneuter Abhängigkeit. Übergänge markieren Zwischenreiche und Zwischenzeiten. Sie verbinden Trennendes und trennen Verbundenes. Ernst Bloch beschreibt sie als „das Nicht-mehr und das Noch-nicht". Übergänge sind Orte und Zeiten der Veränderung.

Der erstaunliche Sachverhalt, dass im mehr als 100 Jahre alten Grimm'schen Wörterbuch Klügeres, Informativeres und Zutreffenderes zum „Übergang" zu finden ist als in allen Suchprogrammen des Internet, provoziert die Vermutung, dass es um das „Übergängliche" heutzutage nicht mehr allzu gut bestellt ist. Die Brüder Grimm schaffen jene Klarheit, die man im Internet und auch in neueren Lexika vergeblich sucht: Das Dazwischen, so schreiben sie, ist „ein Zugegensein das eine Scheidung oder Unterbrechung bewirkt, im Raum und in der Zeit". Bereits mit dieser Charakterisierung fühlt man sich über den Übergang gut informiert. Und noch besser, wenn man auch die dort beschriebenen Beispiele zur Kenntnis nimmt:

Die Häuser stoszen nicht aneinander, ein Garten liegt dazwischen, ein Bach flieszt dazwischen. Um die Kupfer-

stiche zu schonen, legt man Seidenpapier dazwischen. ... Das Gedränge war grosz, man konnte nicht dazwischen durch. Der Vater stand rechts, der Sohn links, die Mutter dazwischen. ... Als er die Streitenden erblickte, warf er sich dazwischen. Dazwischen war eine lange Zeit verflossen. Sie arbeiteten, aber sie ruhten oft dazwischen. Die Nacht kam dazwischen. Einen Tag dazwischen einschalten, einschieben. Eine Woche lag dazwischen.

Jene, die sich in Übergangsräumen und Übergangszeiten aufhalten, werden vom Unbestimmten bestimmt. Die große Freiheit sucht man im „Dazwischen“ hingegen meist vergebens. Im Übergänglichen ist man jeweils so frei, wie man sich im Zustand des Schwebens zu fühlen in der Lage ist. Die einen erleben Unsicherheit, die anderen Angst, dritte werden neugierig, und nicht wenige spüren und genießen die Lust des Ungebundenseins im Übergänglichen.

Es ist die Ambivalenz der Schwellenerfahrung, die anzieht, die aber auch zuweilen abstößt. Übergänge sind Zeiten und Orte der Angstlust. Schwellen können sich als unüberwindlich herausstellen, und Türen, die diese ja häufig begleiten, werden, wie aus Erfahrung bekannt, nicht nur zum Öffnen, sondern auch zum Ein- und Abschließen ge- und missbraucht. Identisches gilt für Passagen.

Passageren Übergangscharakter besitzen beispielsweise Vorgärten. Sie trennen und verbinden das Öffentliche mit dem Privaten. Areale der Begrenzung, die wir Ufer und Strände nennen, tun das ebenso. Sie verleihen der Differenz von Flüssigem und Festem, von Mobilem und Immobilem ihre Bedeutung. GOETHE wusste das: „Liebes Mädchen, lass uns waten, waten noch durch diesen Quark.“ Die etwas schillernde Formulierung lässt die Nachgeborenen wissen, dass der Dichterfürst, neben vielem anderen, auch kein Verächter seichter Übergänge war. Neben territorialen Passagen fällt den zeitlichen Intervallen die Funktion zu, Differenzen herzustellen, sie aber durch Anschlüsse auch wieder miteinander zu verbinden. In der Sprache der Systemtheoretiker heißt das: Übergänge dienen der Systemerhaltung, indem sie zwischen System und Umwelt unterscheiden.

Einige Beispiele dazu: Das raum-zeitliche Übergangsphänomen „Heimweg“ differenziert, indem es die Unterschiede zwischen Arbeit und Freizeit, zwischen Arbeitsort und Wohnort sinnvoll und handhabbar macht. Es trennt und verbindet Lebenswelten durch eine Weg- und durch eine Zeitstrecke. Der Stimmbruch, ein zeitlich-biologischer Übergang, der dem männlichen Geschlecht vorbehalten ist, legitimiert die Differenz zwischen Kind und Jugendlichem und betont deren Entwicklungsfolge. Eine eher temporale Übergangsfigur, die wir täglich zweimal erleben, vorausgesetzt, wir verschlafen sie nicht, ist die Dämmerung. Sie ist jenes kurze Schattenreich, in dem es gerade noch hell genug ist zu sehen, dass es dunkel zu werden beginnt, oder, dies gilt für die Morgendämmerung, in der wir unsere Augen langsam an jene Helligkeit gewöhnen, die uns, wenn sie übergangslos geschähe, durch Blendung belästigen würde. Es sind diese stimmungsvollen Zwischenreiche des aufkommenden Tages und der hereinbrechenden Nacht, die die Lyriker zur Produktivität anregten. „Dämmrung will die Flügel spreiten“, dichtete EICHENDORFF, und THEODOR DÄUBLER fand die schönen Verse: „Auf des Tages Abendschleppe / streut der Mond sein Lichtgeschmeid“. Zum Bestand des kulturellen Volksvermögens zählen auch die trostreichen Zeilen von MATTHIAS CLAUDIUS aus dessen Lied über den aufgehenden Mond.

Wie ist die Welt so stille
Und in der Dämmerung Hülle
So traulich und so hold!
Als eine stille Kammer,
Wo ihr des Tages Jammer
Verschlafen und vergessen sollt.

Dämmerungszeiten, speziell deren Aufforderungscharakter, den Zustand der Passivität mit dem der Aktivität zu tauschen bzw. von der Aktivität in die Passivität zu wechseln, stellen orientierende Signale der natürlichen Umwelt zur Verfügung, die von Menschen zur Stabilisierung ihres Handelns genutzt werden können. Sie erleichtern die lebensnotwendige Abstimmung von äußerer und innerer Natur.

In enger Verbindung zu den naturnahen Zeitgebern des „Dazwischen" haben Menschen immer auch noch selbsttätig soziale Zeitformen des „Übergänglichen" entwickelt. Sie zählen zu den wichtigsten Errungenschaften des zivilisatorischen und kulturellen Fortschritts. So beruht das in Mesopotamien entwickelte und heute von den Rund-um-die-Uhr-Ansprüchen der Ökonomie in Frage gestellte zivilisatorische Zeitmuster der Woche auf dem qualitativen Unterschied von Feiertag und Werktag. Durch kulturspezifisch unterschiedliche Übergangshandlungen werden diese voneinander abgegrenzten Tage schließlich wieder miteinander verbunden. Ehemals nutzte man dazu (in Mitteleuropa) das soziale Arrangement des „blauen Montags", heute versucht man u.a. durch automobile Fluchtbewegungen das „Wochenende" von den Werktagen abzugrenzen. Die regelmäßigen Verkehrsstaus am Freitagnachmittag und am Sonntagabend sind nicht zuletzt deshalb zu einem weitgehend akzeptierten sozialen Übergangserlebnis geworden.

Übergänge sind Zeiten, die auf der Kippe stehen. Sie verändern ihre Qualität mit den Rhythmen des gesellschaftlichen Wandels und wirken auf diese zurück. So mancher in der Vergangenheit dominante und verhaltensprägende Übergang fiel mit fortschreitender zivilisatorischer Dynamik weg und verlor seine ursprüngliche Bedeutung. Einige andere sind völlig verschwunden, neue sind hinzugekommen, andere beginnen sich zu etablieren. Der Übergang ist immerzu selbst im Übergang. Das war er immer, niemals jedoch in so umfangreichem Maß wie heute. Gründe dafür findet man zuallererst in der gegenwärtigen Dominanz rationeller Denk- und Handlungsprinzipien und deren politisch-sozialer Absicherung. Übergänge, Zwischenräume, Zwischenzeiten und Intervalle, sie alle stehen in einer globalisierten Welt unter Rationalisierungsdruck. In erster Linie werden sie von der sich ausbreitenden Zeit-ist-Geld-Mentalität bedroht. Auf die „Zeitreserven" des Übergänglichen richten sich nämlich derzeit die Eroberungsfeldzüge eines Fortschrittsdenkens, das sich primär an ökonomischen Wachstumszahlen orientiert.

Ist man bestrebt, den epochalen Wandel räumlicher und zeitlicher Übergänge nachzuzeichnen, dann empfehlen sich dafür zuallererst deren steingewordene Zeugnisse, die Brückenbauwerke. In frühgeschichtlicher Zeit, als sich die umherziehenden Menschen entschlossen hatten, sesshaft zu werden, wählten sie dafür bevorzugt Orte des Übergänglichen. Meistens handelte es sich dabei um Flussübergänge. Sie gaben den Siedlungen auch entsprechend aussagekräftigen, bis heute gültigen Namen. Frankfurt, Klagenfurt, Erfurt, Schwein- und Ochsenfurt und viele andere „Furts" sind der lebendige Beweis für diese Tradition. Waren die ersten Übergänge durch die Natur vorgegeben, so haben andere Siedlergemeinschaften relativ früh Fähigkeiten entwickelt, selbsttragende Verbindungen zwischen einem „Diesseits" und einem „Jenseits" herzustellen. Zu den überlebensnotwendigen Kompetenzen der Jagd- und Hirtengemeinschaften zählte es, das Fließende, das Unwegsame, das Abgründige und Bedrohliche überbrücken zu können. Innsbruck, Osnabrück, Vöcklabruck und viele weitere „Brucks" verdanken dieser Überlebensstrategie ihre sprachliche Signatur. In den von Menschen gebauten Brücken äußert sich darüber hinaus die menschheitsgeschichtlich bereits sehr früh entwickelte Sehnsucht nach einer Kultur des „Dazwischen". Diese besitzt vielerlei Vorteile. Sie erleichtert das Leben, zumindest dort, wo es durch geographisch widrige Verhältnisse eingeschränkt wird. Brücken kürzen ab, vermeiden Umwege und beschleunigen das Fortkommen. Sie ermöglichen, dass das Leben in einer hindernisreichen und sperrigen Welt schneller werden kann.

Vor der Verbreitung mechanischer Uhren und dem damit initiierten „Zeit-ist-Geld-Denken" waren Brückenbauwerke in erster Linie Orte des Verweilens, des Flanierens und des sich Niederlassens. Sie stellten sichtbare, erfahrbare und ergehbare

Monumente einer Kunst und Kultur der „Überbrückung" dar. Die Menschen wurden von ihnen angezogen. Sie erfuhren und genossen an diesen Orten die Potenziale der dreifachen Raumerfahrung. Ihnen bot sich die Entscheidung, diesseits oder jenseits des Übergangs zu sein, und sie konnten sich in bzw. auf ihm befinden. An Übergangsorten erlebten sie die Verbundenheit des Getrennten, eine Erfahrung, die ihnen der Alltag häufig verwehrte.

Wo Distanzen durch brückenbauliche Verbindungen aufgehoben oder reduziert wurden, entstanden darüber hinaus Wegmarken der Verständigung, des Kontaktes und Räume der Transzendenz. Übergänge verbinden ja nicht nur geographisch getrennte Orte, sie verbinden auch die irdischen Zeiten mit denen der Ewigkeit und des Jenseits. Brückenheilige und Brückenkapellen legen davon ein anschauliches Zeugnis ab. An Orten des Übergangs war man einst nicht bestrebt, wie heutzutage, möglichst hurtig seinen Weg zu finden. Im Gegenteil, man verweilte dort, ließ sich nieder, und ab und zu richtete man sich auch häuslich ein. Ehemals auf, heute dagegen eher unter der Brücke. Übergänge waren nicht nur da, um zeitsparende Verbindungen zwischen dem Hier und dem Dort herzustellen. Sie waren vielmehr Treffpunkte der Kommunikation, des Austauschs, der Neugier. Heute noch lässt sich davon etwas erahnen, wenn man Fußgänger beobachtet, die während ihrer Übergänge stehen bleiben, sich umschauen, die nach rückwärts, nach oben, nach unten und auch nach vorne blicken. Kinder tun dies meist intuitiv, während die zur Zeitsparmentalität erzogenen Erwachsenen Brücken und sonstige Übergänge meist so schnell wie möglich überqueren.

Übergänge erhöhen die Schaulust, jedoch nur bei jenen Personen, die sich in bedächtigem Tempo fortbewegen und die der Beschaulichkeit einen Wert zugestehen. Zeitmaximierer haben dafür nur wenig übrig. Die schnellen Verkehrsmittel, zuallererst die Expresszüge und die Automobile, benötigen bauliche Übergänge zwar in großer Zahl, sie brauchen sie jedoch ausschließlich zum Zweck der Zeitersparnis. Es geht den mobilen

Flitzern des 21. Jahrhunderts nicht um die Attraktivität einer Verbindung zwischen dem Diesseits und Jenseits. Ihr Bestreben ist es, diese Differenz erst gar nicht sicht- und spürbar werden zu lassen. Es sieht so aus, als wollten sie die Welt mit ihren Unebenheiten und Unterschiedlichkeiten so schnell wie möglich durchqueren, um sie rasch hinter sich zu lassen. Da ist es auch nur folgerichtig, aber auch bedauerlich, dass den Langsamen, den Fußgängern, den Schaulustigen das Betreten der schnellen Übergänge heute meist verboten wird.

Ein weiterer Effekt moderner Akzelerationsdynamik ist die eintönige Standardisierung moderner Brückenbauwerke. Ihre Gleichförmigkeit präsentiert sich in deutlichem Widerspruch zu den heute laut vernehmbaren Flexibilitätsparolen. Den vorläufigen Höhepunkt hat die „Gleichmacherei" des „Dazwischen" bei den Hochgeschwindigkeitsstrecken der Bahn AG erreicht. Die Landschaft, die der ICE durchquert, wurde widerstandslos der Kostenminimierungsideologie geopfert, die Brückenbauten und deren Ästhetik ebenso. Das Übergängliche ist seiner traditionellen Funktionsvielfalt beraubt und auf Beschleunigungsimperative hin eingeschrumpft worden. Die Passagiere des Transits, ob in klimatisierten Großraumwaggons oder in Sitze von Automobilen gepresst, spüren und erleben vom Übergänglichen nichts mehr. Das Nonstop lässt dem „Dazwischen" keine Chance mehr. Gehetzten Menschen „dämmert" es daher auch nicht mehr. In ihrem schnellen Leben kommen sie ohne kosmische und natürliche Anbindung aus. Sie kennen weder die Lebensqualitäten des Intervalls noch das Erfahrungspotenzial eines dritten Ortes. Im dahinrasenden ICE weiß niemand mehr, wo er sich gerade befindet, was er durchquert, was er hinter sich lässt und noch vor sich hat. Fürs Diesseits und Jenseits, fürs Hier und fürs Dort, fehlt jegliches qualitative Unterscheidungsmerkmal. Die traditionelle Rast beim Brückenwirt findet nicht mehr statt. Keine Zeit, sich für ein Leben auf der anderen Seite zu stärken, keine Suche nach Gleichgestimmten und Gleichgesinnten, mit denen man sich gemeinsam für die Gefahren des fremden „Drüben" wappnet.

Die Überbrückung des Raumes geschieht heute in erster Linie mittels elektronischer Impulse. Mit Mobiltelefon, Laptop und Fernsteuerung werden die Unterschiede zwischen Anwesenheit und Abwesenheit, Bekanntem und Fremdem, Öffentlichem und Privatem, Fernem und Nahem eliminiert, ignoriert und vernichtet. Die elektronisch erzeugte Entgrenzung lässt die Qualitäten des „Dazwischen" verschwinden. Sie schleift Grenzen und Begrenzungen und nötigt die zu Nutzern degradierten Menschen, den Limits dieser Welt ein müdes „Nimmer-Wiedersehen" hinterherzurufen.

Digitale Übertragungstechnik löscht die Zwischenräume und eliminiert die Zwischenzeiten. Sie verdichtet Bild- und Zeichenflüsse zu einem endlosen, unablässigen Rauschen. Territorial und temporal entgrenzt, überquert der Passagier des 21. Jahrhunderts den weitgehend leeren Raum und die ebenso leere Zeit – und durchfährt doch unentwegt alles und jedes. Die Gleichzeitigkeit hat den Platz des Nacheinander, des Eins-nach-dem-anderen, eingenommen. Die Falten von Raum und Zeit, die früher noch Schutz und Heimat gaben, sind elektronisch glatt gebügelt. Der allzeit funktionsbereite Lichtschalter hat die Dämmerung zu einem fotogenen Urlaubserlebnis degradiert und die natürliche Differenz von hell und dunkel abgeschafft. Nur noch der Kurzschluss zwingt die Menschen, den Unterschied zwischen Helligkeit und Dunkelheit – mehr oder weniger verblüfft – zur Kenntnis zu nehmen.

Als „Legionäre des Augenblicks" (NIETZSCHE) verbringt die Mehrheit der Bevölkerung heute den übergangslosen und ruhelosen Alltag. Die Individuen sind gegenüber irdischen Paradiesversprechen und falschen Glücksofferten höchst anfällig geworden. Wenn Lücken, wie dies das Zweite Deutsche Fernsehen zum Start seines Rund-um-die-Uhr-Programms lauthals behauptete, nur mehr dazu da sind, „geschlossen zu werden", dann fehlt im Leben etwas Fundamentales, etwas Entscheidendes. CHRISTIAN MORGENSTERN hat es benannt: Für ihn ist es bekanntermaßen die Lücke, die die Bretterwand zum Lattenzaun macht. Erst der Zwischenraum macht die Sicht auf die weite Welt möglich. Das Fernsehen hingegen hat heute, im Gegensatz zu seiner vollmundigen Ankündigung, mehr Lücken als je zuvor. Es fehlen ihm nämlich die Übergänge, die Pausen und die Intervalle. Der Mensch aber, so der Soziologe Georg Simmel in einer noch fernsehlosen Zeit, kann die Welt nur erfahren, erspüren und begreifen, wenn er sie trennt. Erkenntnisse über die Welt und die Orientierung in ihr sind für ihn nur dort und dann sinnvoll möglich, wo Übergänge existieren. Sie erst schaffen Zugänge zu Getrenntem. Kreative Personen wissen das zu schätzen. „Meine besten Einfälle habe ich auf dem Nachhauseweg", lässt uns ein angesehener Forscher wissen.

Der von jeglicher Frömmigkeit weit entfernte argentinische Schriftsteller Jorge Luis Borges bemerkte einmal beiläufig: „Gott hält sich in den Intervallen versteckt." Keine guten Aussichten für Gott, wenn die Intervalle, wie heute, unter großem Rationalisierungsdruck stehen. Anscheinend vermissen sie ihn auch nicht. Eher schon halten sie es mit dem Teufel. Der nämlich steckt bekanntermaßen im Detail.

Von Diderot lernen

Nicht immer ist das Neue auch das Bessere, und Erkenntnisse aus früherer Zeit sind auch nicht notwendigerweise weniger richtig und weniger sinnvoll als aktuelle. Das, und noch viel mehr, können wir von Diderot lernen. Leidvolle Erfahrung hat ihn vor 230 Jahren zu einer Einsicht genötigt, die heute notwendiger denn je wäre. Klettern wir auf Diderots Schultern, um weiter zu sehen.

Das Hausrock-Syndrom

Eine Warnung

Die Literaturgeschichte kennt nur wenige gute Klageschriften. Eine der schönsten ist zweifelsohne der 1772 von Denis Diderot, dem großen französischen Aufklärer, verfasste Nachruf auf seinen ausrangierten Hausrock. Er gab seinem amüsanten Essay den schönen Titel *„Gründe, meinem alten Hausrock nachzutrauern"*. Seine poetische Klage will er, so der Untertitel, als eine „Warnung an alle, die mehr Geschmack als Geld haben", verstanden wissen.

Diderot beschreibt in wunderbar sensiblen Worten die Veränderung seiner Gefühle, die der Kauf eines neuen Hausrocks bei ihm auslöst. Seine Analyse beginnt mit einem tiefen Seufzer, den sich, in einer ähnlichen Situation, heutzutage niemand mehr zu äußern erlauben würde. Obgleich er doch jenen emotionalen Zustand so treffend beschreibt, in den die Käufer eines neuen Gegenstandes, eines Computers, eines Haushaltsgerätes oder eines hochgerüsteten Mobiltelefons geraten, wenn sie ihr eben erworbenes Gut, unterstützt von der Bedienungsanleitung, funktionsfähig zu machen versuchen: „Warum habe ich ihn nicht behalten? Er passte zu mir, ich passte zu ihm." Heute klagt man: „Was hat mich dazu verführt, das neue Gerät für besser zu halten als das alte? Warum die Untreue gegenüber dem Gewohnten? Warum der Zwang zum Neuen? Ja, warum?"

Was eigentlich ist es, das uns da schiebt und drängt, das erreichte Zufriedenheitsniveau in zunehmend kürzeren Abständen durch Neuanschaffungen immer wieder auf die Probe zu stellen? Wir wissen doch aus vielerlei Erfahrung, dass uns das Neue, wenn überhaupt, nur kurzfristig glücklich und zufrieden zu machen vermag. Diderot gibt die Antwort. Wir werden deshalb nicht zufriedener, weil wir die erhofften Freiheiten allein durch materiellen Wohlstand zu erlangen versuchen. Das aber ist und bleibt eine hartnäckige Illusion, der primär jene Personen anheimfallen, die – so Diderot – „mehr Geld als Geschmack haben". Sie betrügen sich selbst – wie DIDEROT es ja auch tat. Mit viel Kraftaufwand und großer Energie manövriert man sich wieder und wieder in jene Lage, die der französische Aufklärer so selbstkritisch beschreibt. Darüber hinaus ist man noch den aufdringlichen Parolen der Werbung ausgeliefert, die zu unnötigen Käufen verführt und drängt. All das funktioniert durch eine weitgehend aufklärungsresistente Strategie. Die Hardware offeriert man weit unter Herstellungspreis, sie wird nahezu verschenkt, die Software, die für den Gebrauch unabdingbar ist, muss anschließend zu weit überhöhten Preisen erworben werden, meist mit der Verpflichtung zu regelmäßigem Updating. Unterschätzt, da vom Verkäufer absichtsvoll verschwiegen, werden die finanziell und zeitlich hohen Folgekosten. Da bekommt man von einer dubiosen Betreibergesellschaft ein schnurloses Mobiltelefon geschenkt, wird aber dabei gezwungen, einen Vertrag abzuschließen, der zum regen Gebrauch einer kostspieligen Funktionsvielfalt nötigt. Da erwirbt man einen neuen, ferngesteuerten DVD-Player mit nur geringem finanziellem Aufwand, die Filme jedoch, die einen solchen Kauf überhaupt erst sinnvoll und lohnend machen, die muss man mit viel Zeit- und Mobilitätsaufwand suchen, finden, auswählen und schließlich auch noch relativ teuer bezahlen. Völlig unterschlagen werden bei den Kaufentscheidungen üblicherweise die sozialen Folgekosten. Sie lauten: Weniger Zeit für den Lebenspartner, die Kinder und die Freunde – und ganz zu schweigen von jenem temporären Aufwand, den das folgende Konfliktmanagement im familiären Nahbereich erfordert.

Das medial und technisch hochgerüstete Leben wird entgegen allen Ankündigungen nicht einfacher, billiger wird es sowieso nicht, und Zeit spart man auch keine. Mit wachsender Möglichkeitsvielfalt und steigender Multifunktionalität nimmt nämlich auch der Entscheidungsdruck zu sowie dessen zeitlicher und emotionaler Aufwand. Irgendwann dann, vielleicht in einem der wenigen noch verbliebenen Momente des Innehaltens, wird man von der Einsicht überrascht, dass es sich bei den für attraktiv gehaltenen Geräten und Instrumenten, die das Leben so viel schöner, so viel zeitsparender und so viel bequemer zu machen versprechen, meist um Objekte handelt, die das Zeitsparpotenzial nur vorspiegeln und denen es letztlich darauf ankommt, die wenige Zeit, die man hat, noch weiter zu verdichten und zu verengen. Dies musste auch DIDEROT erkennen.

Es lohnt sich, insbesondere für Menschen mit einer Neigung zu technisch überversorgten Wohnräumen, DIDEROTS hochaktuellen Text aus dem 18. Jahrhundert zu lesen.

> *Ich war ganz und gar Herr meines alten Hausrocks; ich bin zum Sklaven des neuen geworden (...) Verfluchtes Luxuskleid, dem ich meine Reverenz erweise! Wo ist er hin, mein bescheidener, mein bequemer Wollfetzen? Liebe Freunde, haltet an den Freuden fest, die euch geblieben sind. (...) Lasst euch mein Beispiel eine Lehre sein. Die Armut hat ihre Freiheiten, der Reichtum seine Zwänge.*

So H. M. ENZENSBERGERS brillante Übersetzung der Klage DIDEROTS. Nicht nur der Verzicht, auch die Geduld, die Langsamkeit, die Askese besitzen ihre Freiheiten. Die Eile, die Hetze, das Zeitsparen, sie alle haben ihre Zwänge. Wenn der Computer mal wieder abgestürzt, wenn die Fernsteuerung nicht mehr auffindbar ist und das Mobiltelefon gestohlen wurde, dann ist die Gelegenheit gekommen, DIDEROTS Trauerrede an seinen alten Hausrock mal wieder zur Hand zu nehmen. Dauert auch nur 20 Minuten![5]

---

5 Zu empfehlen ist die Übersetzung von H. M. Enzensberger in der sehr liebevoll gesetzten Ausgabe der Friedenauer Presse, Berlin.

Geht's nicht ein wenig schneller?

Zweite Warnung

All jenen, denen es immer noch nicht schnell genug geht, die ihr Leben der Leidenschaft opfern, immerzu Zeit zu gewinnen, und die ihren Alltag an der Maxime ausrichten, alles ginge, wenn man nur will, noch ein wenig fixer, sie alle könnten – vorausgesetzt sie haben ein Interesse daran – aus den folgenden Begebenheiten einiges Wichtiges lernen, vielleicht sogar schnell.

Fall 1:
„Kannst Du mal schnell die durchgebrannte Glühbirne wechseln, bevor die Gäste kommen?"
„Ja, mach ich." Die schmerzhafte Folge der prompten Bereitwilligkeit: Zehn Tage Krankenhaus mit anschließender vierwöchiger Rehabilitation wegen eines komplizierten Beinbruches, weil man schnell mal eben den in der Nähe stehenden Stuhl und nicht die Leiter für die Reparatur der Lampe aus dem Keller geholt hat.

Fall 2:
„Ach, der Kaffee ist ausgegangen – und das am Sonntag zum Frühstück! Kannst Du mal bitte schnell zur nächsten Tankstelle fahren und dort eine neue Packung kaufen?"
„Ja, selbstverständlich, ich fahr sofort los!" Leider hat der 18-jährige Sohn in der Nacht den Tank leergefahren. An der Straßenecke geht das Benzin aus. Die Folge: Zeitaufwändiger Fußmarsch zur nächsten Tankstelle. Mit einem geliehenen Kanister mit Benzin noch langsamer wieder zurück zum Auto. Anschließend Rückgabe des Kanisters an der Tankstelle und Kauf des Kaffees. Ankunft zu Hause, kurz vor dem Mittagessen. Na ja, wenigstens ist der Nachmittagskaffee gesichert.

Fall 3:

„Du, sag mal, Papa hat doch demnächst Geburtstag?" „Ja, das hat er, in drei Tagen." „Um Gottes Willen, ich hab noch kein Geschenk für ihn!"

Peinlich! Hektik bricht aus – und schnell an den Computer, um den eben erschienenen neuen Roman von WALSER, den er so gerne liest, im Online-Bookshop zu bestellen. Aber irgendwas blockiert den Weg ins Internet. Nach halbstündigem vergeblichen, Bemühen wird das Vorhaben erst mal abgebrochen, um am Abend wiederholt zu werden. Jetzt klappt's. Da es ja eilt, wird die Überweisung des Rechnungsbetrages sofort erledigt. Die Online-Verbindung zur Bank ist zwar im Nu hergestellt, ärgerlich ist nur, dass der notwendige Zugangscode im Moment nicht auffindbar ist, weder im Gedächtnis noch dort, wo man ihn sich notiert zu haben meint. Nach 20-minütiger Suche hat man schließlich Erfolg. Na, dann klappt's ja sicher noch mit der Buchsendung bis zum Geburtstag. Und richtig, die Lieferung des Päckchens erfolgt am Morgen des Festtages. Aber leider kann sie nicht entgegengenommen werden, weil man gerade unterwegs war, einen Blumenstrauß für die Mutter zu besorgen. So hat der Bote eine Karte im Briefkasten hinterlassen, die darüber informiert, dass die Lieferung nicht vor 17 Uhr im Auslieferungslager am Stadtrand abgeholt werden kann. Saublöd, wo man doch bereits um 16 Uhr zum Geburtstagskaffee eingeladen ist.

„Es ist genug!“

Eine schlechte Nachricht für Zeitsparer – aber auch für Zeitverschwender: Bei all jenen, die in den Tag hinein leben, die die Zeit nicht managen, auch nicht ordnen oder organisieren, klopft eines Tages das Schicksal an die Tür und verkündet: „Es ist genug!“

Aber auch bei denjenigen, die einen großen Teil ihres Lebens damit verbringen, die Zeit immerzu ordentlich auf die Reihe zu bekommen, die sie ununterbrochen managen, sparen und ordnen, klopft eines Tages das Schicksal an die Tür und sagt: „Es ist genug!“

Bei den ganz Schlauen, die immer so tun, als sparten und organisierten sie die Zeit, das aber gar nicht wirklich machen, sondern nur den Schein vermitteln, es zu tun, auch bei diesen trickreichen Lebenskünstlern klopft eines Tages das Schicksal an die Tür und sagt ganz streng: „Es ist genug!“

Als der letzte Stargarder Herzog, der irgendwann in seinem Leben, wahrscheinlich wieder mal zu spät, bemerkte, dass es auch für ihn keinen Nachtragshaushalt für Zeit gibt, die Vergeblichkeit seiner lebenslangen Zeitsparbemühungen einsah, rief er entsetzt aus: „O Gott!, wie ist man gerannt, für vier Bretter und ein Laken.“[6]

---

6 Zitiert aus C.-C. Schmidt

Was noch zu sagen ist

Ein Großteil des Lebens findet im Seitenaus, nicht auf dem Spielfeld statt. Es ist das Randständige, das Unauffällige, das Marginale, also der Teebeutel, der Reißverschluss, die Liftfahrt und der Espresso, die das ausmachen, was wir Alltag nennen. Ähnlich ist das auch beim Schreiben und bei der Produktion von Büchern. Auch hier sind es jene, deren Namen nicht auf dem Buchdeckel auftauchen, die eine wichtige Rolle spielen. Martin Hartmann, Fernande Mandl und Kerstin Seil heißen die, die es verdient haben, zumindest an dieser Stelle erwähnt zu werden. Ihnen habe ich viel zu danken.

Aber auch all jenen ist zu danken, die zu spüren bekommen haben, dass über „Zeit" schreiben immer auch bedeutet, auf jene Zeit zu verzichten, die man mit lieben Menschen besser hätte zubringen können. Das zumindest sollte man ändern – schnell.

Nie gesehen, immer erhofft:

ACHTUNG!

Hier endet das Internet.

Sie haben es geschafft.
Schalten Sie aus und
genießen Sie das Leben!

Wladimir:	*So ist die Zeit vergangen.*
Estragon:	*Sie wäre sowieso vergangen.*
Wladimir:	*Ja. Aber langsamer!*

S. Beckett: Warten auf Godot

Literatur

Der fixe Tee

Goetz, A.: *Teegebräuche*, Berlin 1989
Pettigrew, J.: *A Social History of Tea*, London 2001
Proust, M.: *Auf der Suche nach der verlorenen Zeit*, 1920–1922

So viel „Tempo" war nie!

Donder-Langer, G. und Zwergel, H. M.: *Menschen, Nasen, Taschentücher.* Kassel 1998
Kücherer, H.: Erfolgsstory Papiertaschentücher. In: *Papiermacher Magazin* 10/1997, S. 33
Nestroy, J.: *Sämtliche Briefe*, Wien 2005

Ein Zug – und es ist geschafft!

Lewis, W.: Der Reißverschluß. In: *Spektrum der Wissenschaft* 8/1983, S. 48–55
Petroski, H.: *Messer, Gabel, Reißverschluß. Die Evolutionsgeschichte der Gebrauchsgegenstände*, Basel/Boston/Berlin 1994
Tucholsky, K.: Wie sieht der Erfinder des Reißverschlusses aus! In: ders.: *Gesammelte Werke*, Bd. II, Reinbek 1960 (Original 1928), S. 1267–1269

Alles Espresso

Dietrich, E. und Ronfeld, R. (Hrsg.): *Am Limit. Kaffeegenuß als Grenzerfahrung.* Begleitpublikation zur Ausstellung des Johann Jacobs Museums, Zürich, vom 18.11.2001–20.10.2002
Illy, F. und Illy, R.: *Kaffee. Von der Bohne zum Espresso*, München 1994

Die Welt als Wille und Vorstellung

Bellamy, R. V. und Wolter, H. R.: *Television and the Remote Control*, New York/London 1996

Leveringhaus, P.: 50 Jahre Fernbedienung in Deutschland. In: *Manager Magazin* 26.7.2004
Nabokov, V.: *A Nursery Tale*, 1926
Tillmann, J.: Die Fernbedienung – Übernahe und metaferne Ferne ... In: *Marburger Forum* 2, 3/2001

Gekühlte Zeitfreiheit

Centrum Industriekultur Nürnberg (Hrsg.): *Unter Null*, München 1991
Hellmann, U.: *Künstliche Kälte*, Gießen 1990
Museum der Arbeit (Hrsg.): *Das Paradies kommt wieder ...*; Katalogbuch der gleichnamigen Ausstellung, Hamburg 1993

Das Dienstmädchen aus der Tüte

Bunde, H. (Hrsg.): *Enzyklopädisches Handbuch der Technischen Chemie*, 4. Auflage, Braunschweig 1896
Judel, G. K.: Die Geschichte von Liebigs Fleischextrakt. In: *Spiegel der Forschung* 20 (1), Oktober 2003
Marinetti, F. T.: *Die Futuristische Küche*, Stuttgart 1983
Ruf, F.: Die Suppe in der Geschichte der Ernährung. In: Bitsch, J. (Hrsg.): *Essen und Trinken in Mittelalter und Neuzeit*, Siegmeringen 1989
Teuteberg, H.-J.: *Die Rolle des Fleischextraktes für die Ernährungswissenschaften und den Aufstieg der Suppenindustrie*, Stuttgart 1990

Postkarte genügt

Glaser, H. und Werner, Th.: *Die Post in ihrer Zeit*, Heidelberg 1990
Täubrich, H. Ch.: Von der Sozialmail zur e-Mail. In: Schneider, M. und Geißler, Kh. A.: *Flimmernde Zeiten*, Stuttgart 1998
Weidmann, D.: *Postkarten*, München/Berlin 1996

Beschleunigte Hochkultur

Simmen, J. und Drepper: *Der Fahrstuhl*, München 1984
Lampugnani, V. M. und Hartwig, L.: *Vertikal. Aufzug,*

Fahrtreppe, Paternoster. Eine Kulturgeschichte vom Vertikal-Transport, Berlin 1994
Walser, R.: *Bedenkliche Geschichten*, 1985

Zeitbeherrschung am Menschen

Buzzi, A.: *Man nehme, so man hat*, Zürich 2005
Mayr, O.: Die Uhr als Symbol für Ordnung. In: Maurice, K. und Mayr, O. (Hrsg.): *Die Welt als Uhr*, München/Berlin 1980

Des Alltags Dehnungsfuge

Geißler, Kh. A.: *Zeit – verweile doch ...*, 6. Auflage, Freiburg 2004

Endlose Freiheit

Geißler, Kh. A.: *Schlußsituationen. Die Suche nach dem guten Ende*, 4. Auflage, Weinheim 2005

Das Pausenlos

Schwitzke, H.: *Das Hörspiel. Dramaturgie und Geschichte*, Berlin/Köln 1963

„Es ist genug!"

Schmidt, C.-C.: *Das Münster zu Doberan*, o. J.